Sebastian Fallheim

Der Kompass zur emotionalen Intelligenz

Wie Sie Ihre eigenen Gefühle verstehen, persönliches Wachstum sowie beruflichen Erfolg fördern und dauerhaftes Wohlbefinden erzielen

Originalausgabe

1. Auflage Februar 2024

Inhaltsverzeichnis

Vorwort

Denken Sie an Intelligenz, gesellen sich sofort Begriffe wie Bildung, Wissen und Universitätsabschluss (oder vergleichbare Assoziationen) zu Ihnen. Doch Intelligenz bedeutet viel mehr und offenbart gleichzeitig ganz verschiedene Facetten. Abseits des klassischen Intelligenzquotienten (IQ) als Erfolgsschlüssel gewinnt die emotionale Intelligenz (EI oder EQ) und deren Auswirkungen auf private wie berufliche Prozesse in unserem Leben immer mehr Akzeptanz. Worum handelt es sich bei der emotionalen Intelligenz genau? Sie werden überrascht sein, wie viele Bereiche diese Fähigkeit in unserem Alltag beeinflusst. Lernen Sie in strukturell aufgebauten Themenkapiteln alles rund um die emotionale Intelligenz! Dieser Ratgeber begleitet Sie auf Ihrem Weg zu mehr Glück und größerem Erfolg.

Damit diese Methoden auch im Hinblick auf die Erreichung Ihrer Ziele wirksam werden, ist es wichtig, dass Sie den vorliegenden Ratgeber nicht nur als bloße Anleitung verstehen. Vielmehr geht es darum, das im Kontext erworbene Wissen in Ihre eigene Lebenspraxis zu integrieren und es verantwortungsbewusst anzuwenden. Hierbei hilft Ihnen dieser Ratgeber.

Es ist Ihr Buch, markieren Sie sich wichtige Stellen farbig, kommentieren Sie Inhalte, nutzen Sie dieses Exemplar als Arbeitsmittel und setzen Sie es aktiv ein. Betrachten Sie den Inhalt nicht als in Stein gemeißelt. Letztlich soll dieser Ratgeber als Wegweiser dienen, den Sie ganz individuell auf Ihre jeweilige Situation anwenden können.

Ich wünsche Ihnen viel Spaß und Erfolg beim lesen und der Umsetzung der Ratschläge aus dieser Lektüre.

Sebastian Fallheim

Einleitung

1995 brachte Daniel Goleman seine Theorie der emotionalen Intelligenz der Öffentlichkeit nahe. Gefühle sollten Handlungen und Reaktionen beeinflussen, gar bestimmen? Über 20 Jahre später erweist sich die Grundlage dieser Abhandlung durch das wogende Meer an Emotionen in jeder Situation als stetig präsent. Angst und Wut, aber auf der anderen Seite auch große Herzlichkeit bestimmen die Tagesabläufe im Privaten wie auch öffentlichen Bereich. Denn wir alle sind jeden Tag zahlreichen Menschen ausgesetzt – den sehr gut Bekannten sowie den eher Fremden – und sehen uns mit dutzenden Konversationen, Kommunikationen sowie Interaktionen konfrontiert.

Reibungslose wie auch konfliktgeladene Situationen ergeben sich daher im Wechsel ganz automatisch. Während die wunderschönen Szenen gern noch länger weitergetragen werden würden, lasten die negativen Momente leider oft nach – und schwelen manchmal in uns. Warum sollte unser Tag, der Wonnemonat Mai oder ein ganzes Jahrzehnt von einer Negativspirale gekennzeichnet sein? Wieso müssen wir Streit hinnehmen, weil er sich nun einmal ergeben hat? Und weshalb wissen wir nichts über die innovativen oder hemmenden Gedanken der Arbeitskollegin am Schreibtisch neben uns, obwohl wir fünf Tage die Woche mit ihr plauschen und immerhin acht Stunden pro Tag mit ihr verbringen?

Mit ein wenig mehr Verständnis für den Mitmenschen, die Situationen, losgelöst von der egozentrischen Perspektive, und das große Ganze (Ziel) werden wir Alltagssituationen im Familienkreis, im Verein oder auch am Arbeitsplatz deutlich entspannter erleben und produktiver lösen. Sie werden mehr Erfolg als Führungskraft verzeichnen, Sie werden das Glück einer harmonischen Familie genießen und im Team Meilensteine um Meilensteine sammeln. Und das alles dank einer gut ausgebildeten emotionalen Intelligenz – dann betrachten wir jetzt das Thema EQ doch einmal genauer!

Einführung in die emotionale Intelligenz

Fangen wir gleich mit der elementaren Frage an – was bedeutet emotionale Intelligenz im Allgemeinen? Die einfache Antwort auf diese Frage: Emotionale Intelligenz beschreibt die Fähigkeit, universelle Emotionen und spezifische Gefühle zu erkennen.

Hinweis: Der Unterschied zwischen Emotionen und Gefühlen liegt im Detail. Ersteres umschreibt die Gesamtheit an Affekten, Erregungen und Stimmungen. Die Gefühle selbst beschreiben genaue Emotionen mit Namen. Zu ihnen zählen Freude und Angst, aber auch Hoffnung und Enttäuschung.

Die einzelne Benennung von Gefühlen selbst stellt jedoch nur die Vorstufe zu wirklicher emotionaler Intelligenz dar. Es geht vielmehr darum, diese effektiv für verschiedene Projekte zu nutzen und in Situationen zu steuern. Dies wiederum führt dazu, den Alltag positiv zu gestalten – daher auch die Erwähnung des Weges zum persönlichen Glück im Vorwort. Wenn Sie die Emotionen identifizieren und verstehen, fällt Ihnen die Navigation in sozialen Interaktionen deutlich einfacher und oft produktiver. Doch was profitiert wirklich von der emotionalen Intelligenz?

* **Führungsstärke:** Dank einer hohen emotionalen Intelligenz managen Sie Ihr nächstes Projektteam deutlich effektiver und daher effizienter. Dies wiederum baut ein positives Arbeitsumfeld auf. Sie beeinflussen Ihre Mitarbeiter spürbar mit Ihrer Vision. Als Abteilungsleiter sind Sie nun nicht nur der Boss, sondern wirklich Chef oder Chefin.

* **Kommunikation:** EQ fördert nachweislich einen direkten Kommunikationsfluss – vor allem auch mit dem Vorteil der Wirkung auf individueller Ebene. Ehrlich und konstruktiv anstatt persönlich bezogen verbessert die emotionale Intelligenz die Zusammenarbeit in der Gruppe.

* **Entscheidungsfindung:** Ausgewogene Entscheidungen bedingen einer intensiven Informationslage. Daher erweist sich das Verständnis im Kontext der meisten Situationen als besonders hilfreich. Persönliche Impulse schenken daher auch meist fundierte Entscheidungswege. Regelmäßig eingeholtes, echtes Feedback offenbart ein riesiges Potenzial.

* **Stressmanagement:** Wer Emotionen identifiziert, kann sie auch regulieren. Dies gilt natürlich für die eigenen, aber auch hinsichtlich der Gefühlswelten im Umfeld. In allen Fällen senken Sie mit Ihrer empathischen Leistung geistigen wie körperlichen Stress und schonen Ihre Gesundheit.

Die emotionale Intelligenz erweist sich daher nicht nur als ideelles Schlagwort der Zukunft, sondern als eine Lebensphilosophie zur Stärkung der eigenen Möglichkeiten.

3.1 Definitionen und Grundlagen der emotionalen Intelligenz

Die Bezeichnung „Emotional Intelligence“ geht auf den Psychologen Daniel Goleman zurück. Blicken Sie auf das Erscheinungsbild seines gleichnamigen Sachbuchs aus dem Jahr 1995, zeichnet sich eine noch junge Sparte der speziellen Wissenschaftsforschung ab. Und dennoch stechen weit vorher bereits Erfolgsfälle aufgrund von emotionaler Intelligenz hervor. In seinem Buch definiert er die Fähigkeit zur Steuerung persönlicher Emotionen und deren angemessener Ausdrucksweise. Nach Meinung des Autors sticht die EI sogar als der wichtigste Punkt hinsichtlich des beruflichen Erfolgs heraus.

Sie erkennen sofort: Mit Kommunikationsgeschick funktioniert der Alltag im beruflichen wie privaten Umfeld deutlich effektiver und effizienter. Und dieses Know-how schont zudem Ihre Nerven. Erfolge schenken Ihnen ein Lächeln und Zufriedenheit. Ein angenehmes Umfeld wiederum belebt, wertschätzt und gönnt hin und wieder Entspannung. Zum einen geht es hierbei um das individuelle Wachstum, parallel aber auch um produktive Dynamik in anstehenden Prozessen – vor allem im Arbeitsumfeld.

Mit dieser Fähigkeit, verschiedene Emotionen einer oder mehreren anderen Personen zu erkennen und speziell auf diese Wahrnehmungen zu reagieren, entstehen neue Möglichkeiten im Miteinander. Daher beleben die Aspekte der rationalen Einflussfaktoren und gleichzeitig die Punkte der emotionalen Vernunft nahezu jeden Managementprozess. Ihre Intuition wird daher Teil Ihrer Managementkompetenz. Geprägt wird diese Fertigkeit durch vier Grundsegmente:

- Notwendigkeit einer subjektiven Aufmerksamkeit;
- Quantität eines gefühlsbedingten Ausdrucksverhaltens;
- Varianz optionaler Emotionen
- Level der Dissonanz

3.2 Erklärung des Begriffs und seiner Ursprünge

Emotionale Intelligenz sorgte seit den 1990er Jahren für eine große, stetig steigende Aufmerksamkeit. Der Begriff der Intelligenz stammt hierbei vom lateinischen Wort „intellegere“ ab, was „unterscheiden“ oder „wahrnehmen“ meint. Dabei adaptiert die alltagsgebräuchliche Anwendung Bedeutungen wie Klugheit, Erkenntnis, Denken und Verständnis in einem. In der Psychologie bedeutet sie vor allem die Konfrontation mit einer Situation und das Verständnis der daraus folgenden Umstände und deren Beurteilung zur Lösung des gesamten Sachverhalts.

Im Laufe der Zeit kam insbesondere der Beeinflussung durch das Individuum selbst eine größere Rolle zu. Doch dafür bedarf es der Kenntnis der fünf Kernaspekte der emotionalen Intelligenz.

Im Laufe der Zeit kDa liegt der Begriff Intelligenz eigentlich geklärt vor einem, wird er gleich mit dem Zusatz „emotional“ erweitert und spezialisiert. Aber was verbirgt sich hinter dieser Spezialisierung? Dafür schauen wir uns den zweiten Teil dieses Terms einmal genauer an. Der Wortstamm „movere“ wird ebenso aus dem Lateinischen entlehnt. Dahingehend verbinden wir die Bedeutung von „bewegen“ mit beispielsweise bewegenden Bildern oder Augenblicken. Das angehängte „e“ offenbart eine Interpretation in eine Richtung – wörtlich „hin“ zu etwas. So lässt sich eines bereits erkennen: Eine Emotion geht einer Handlung voraus!

Ist es Ihnen möglich, den Begriff „Emotionen“ eindeutig zu erklären? Selten haben Psychologen oder Philosophen eine eindeutige Formulierung für diesen Oberbegriff gefunden. Weit über 100 Jahre überzeugen die gefühlsbetonten Formen eines Erlebens und Durchdenkens nicht alle Vertreter der Zunft. Im Gegensatz zum wissenschaftlichen Kontext soll diese Beschreibung im allgemeinen Sprachgebrauch reichen. Doch auch hier sind Vielfalt und Intensität noch lange nicht erklärt – diese zwei Faktoren tragen zum umfangreichen Pool möglicher Emotionen bei. Sicher werden Sie folgende Emotionen ohne langes Überlegen benennen können:

- Ekstase
- Glück
- Freude
- Scham
- Trauer

Es werden generell 27 Emotionskategorien von Angst über Begeisterung bis hin zu Wut festgesetzt. Unter ihnen existieren noch Abstufungen. Zudem treten die einzelnen Gefühle meist auch kombiniert auf. Aber kennen Sie auch die Unterschiede zwischen Ärger, Frust, Enttäuschung und Wut? Es gibt über hundert verschiedene Emotionen. Und jetzt kommt der Clou: Emotionen und Gefühle sind nicht dasselbe. Obwohl wir diese Parallelen schnell ziehen, präsentieren sich Emotionen als automatische Reaktionen auf eine bestimmte Situation. Sie sind als rein körperlicher Natur zu verstehen. Ein Gefühl kommt erst danach ins Spiel. Nehmen Sie die physischen Emotionen erst wahr, dann durchleben Sie diese Momente – und das sind Ihre Gefühle.

Einen populärwissenschaftlichen Zugang zu diesem Thema ermöglichte der ehemalige Harvard-Psychologe Daniel Goleman in seiner Abhandlung „Emotional Intelligence. Why it can matter more than IQ“ im Jahre 1995. Allein dieses Werk schlug solch hohe Wellen, dass die Bezeichnung emotionale Intelligenz in die Alltagssprache Einzug hielt. Selbst ohne konkrete Definition des Begründers weiß heute nahezu jeder etwas mit diesem Begriff anzufangen. Was dagegen in allen Abhandlungen seit diesem Jahr festgesetzt wird, zeichnet die Basis der Forschung der emotionalen Intelligenz dar:

- Emotionale Intelligenz ist aktiv und nicht passiv. Sie ist eine Fähigkeit und keine Erfahrung nebenbei.

- In ihr sammeln sich Talente im Umgang mit der eigenen Person und der Beziehungsfähigkeit zu anderen Menschen unterschiedlicher Gruppierungen.

Dabei finden sich Ursprünge bereits im Jahr 1920, als der amerikanische Psychologe Edward Lee Thorndike erstmalig die Bezeichnung „Soziale Intelligenz“ verwendete. Aus ihrem Kern sollte sich später die emotionale Intelligenz herausbilden. Er unterschied zwischen der abstrakten, praktischen und eben der sozialen Intelligenz. Wer die Anleitung zum Aufbau eines Kleiderschranks liest und das Möbelstück sogar folglich ohne sie bauen kann, verfügt über entsprechend akademische oder abstrakte Intelligenz.

Wer nun noch mit dem Werkzeug perfekt umgeht, damit dieser Schrank mit wenig Ressourcen und Schäden steht, weist einiges an mechanischer beziehungsweise praktischer Intelligenz vor. Nun geht es noch an die Motivation und Anleitung, die Freunde beim Umzug zum Aufbau des Kleiderschranks zu bewegen. Wem dies gelingt, verfügt über die notwendige soziale Intelligenz. Die Kernkompetenzen nach Thorndike liegen im Verstehen (to understand) und dem Handeln (to manage). Die Theorie von Thorndike erweiterte Howard Gardner um den Aspekt der Existenz mehrerer Intelligenzen als kognitive Fähigkeit. Im Jahr 1983 nahm er in seinem Buch „Abschied vom IQ: Die Rahmen-Theorie der vielfachen Intelligenzen“ genau Stellung zu inter- sowie intrapersonellen Intelligenzen.

.

In seinem Intelligenz-Modell berücksichtigt er linguistische, musikalische, logisch-mathematische, räumliche, körperlich-kinästhetische sowie persönliche Fähigkeiten. Daher sind Ihnen sicherlich auch verschiedene Menschen mit künstlerischer, sprachlicher oder wissenschaftlicher Neigung in Ihrem Bekanntenkreis bestens vertraut. Handwerklich begabte Personen stechen mit einer Verbindung aus logischer und räumlicher Intelligenz hervor. Eine übliche Verwendung des Terminus „emotionale Intelligenz" besteht jedoch erst seit 1985 mit der Dissertation „Eine Studie über Emotionen: die Entwicklung der emotionalen Intelligenz" von Wayne Payne. Und erst rund 10 Jahre später sollte Daniel Goleman diese Theorie weiterführen.

Die ersten Erkenntnisse konnten jedoch schon viel früher verzeichnet werden. Es trug sich am 13. September 1848 zu, als der Vorarbeiter der Eisenbahngesellschaft Phineas Gage bei seiner Routinearbeit eine Sicherheitshandlung vergaß und sich daraufhin aufgrund eines Funkenschlags im Schießpulver eine schwere Eisenstange durch seine Wange hin zum Hinterkopf bohrte. Trotz klaffenden Lochs im Schädel steht er wenige Minuten auf, spricht und geht. Während die lebenserhaltenden Maßnahmen in entsprechenden Gehirnbereichen unbeschädigt blieben, waren motorische Vorgänge und zwischenmenschliche Fähigkeiten weniger intakt. Seine neuerdings impulsive Art, die Planungsunfähigkeit sowie launische Respektlosigkeiten an der Tagesordnung fielen den Vorgesetzten auf. So begann die Suche nach der Steuerung emotionaler und sozialer Verhaltensweisen.

3.3 Vorstellung wichtiger Theorien

Wie kann man sich emotionale Intelligenz vorstellen? Dieses komplexe Zusammenspiel aus verschiedenen Eindrücken und deren Verarbeitung im Frontalhirn des Großhirns lässt sich nicht stringent mittels Ketten oder Algorithmusschleifen aufzeigen. Und dennoch haben sich zwei grundlegende Konzepte in der Fachbranche durchgesetzt:

* **Konzept nach Salovey / Mayer:**
  Die beiden Wissenschaftler vermuten bereits 1990 neben der akademischen Intelligenz eine Art Fähigkeit zur Interaktion. In ihrem Modell verwenden sie einen engen Bezug zwischen Intelligenz und Emotionen.

John D. Mayer und Peter Salovey erweiterten das Verständnis der emotionalen Intelligenz 2004 und erstellten ihr Trait-Modell. Die emotionale Intelligenz ließ sich nun nicht nur als Entwicklungsinstanz aufzeigen, sondern auch messen – der Weg für den „Mayer-Salovey-Caruso Emotional Intelligence Test" (MSCEIT) wurde geebnet. Gemäß den Vorstellungen werden die emotionalen Informationen in drei Segmenten eingeschlossen – „Beurteilung und Ausdruck", „Regulation" sowie „Nutzbarmachung". Unterschieden werden die Bereiche in die Welt des Selbst und die Welt der Anderen. Die Beurteilung der Emotionen wird zusätzlich in eine verbale und nonverbale Ebene gegliedert.

1. **Wahrnehmung** – Als Erstes heißt es, Emotionen zu kennen und zu erzeugen. Nach dieser ersten Phase schließt sich das Erkennen der Emotionen anderer Personen an. Mit der dritten Phase, dem Ausdruck der Emotionen, reift die Person, bis sie in der vierten Phase zwischen korrekten und falschen Ausdrücken unterscheidet.

2. **Erleichterung der Gedanken** – In der ersten Phase liegt der Fokus auf den individuell wichtigen Eindrücken. Erst in der zweiten Phase werden die eigenen Emotionen hinzugenommen. Sie dienen folglich als Leitfaden für persönliche Entscheidungen. So springt das Individuum in der dritten Phase zwischen verschiedenen Zuständen und lernt die Betrachtung aus unterschiedlichen Perspektiven. Eine Phase weiter denkt die Person kreativ und fällt richtige Entscheidungen.

3. **Emotionsverständnis** – Im ersten Schritt müssen verschiedene Emotionen unterschieden und auch beschrieben werden. Folglich werden die Gefühle in Phase zwei in den eigenen emotionalen Zustand überführt. Die Kompetenz steigert sich in Phase drei zu einer Interpretation komplexer Gefühlswelten. Das Zusammenspiel aus Überraschung und Angst ist ein gutes Beispiel hierfür. Mit zunehmender Fertigkeit erkennen Menschen mit hohem EQ Übergänge zwischen beispielsweise Überraschung und purer Freude.

4. Emotionsregulierung – In der ersten Phase muss die Rolle der Emotionen anerkannt werden. Tatsächlich erweist sich dies bei positiven Emotionen als deutlich einfacher im Vergleich zu den negativen. Danach folgt in Phase zwei die Identifizierung mit bestimmten Stimmungen. Hierbei dient insbesondere der Punkt der Nützlichkeit der Entscheidung. Dazu werden in der folgenden Phase die Klarheit und der Einfluss aktueller Emotionen mit dem Sachverhalt verbunden. Wer jetzt die Gefühle sämtlicher Mitmenschen im Umfeld regulieren kann, befindet sich in Phase vier. Im Idealfall sollen positive Emotionen verstärkt und negative in dieses Potenzial umgewandelt werden.

Bei der Entwicklung entlang dieser vier Phasen pro Konzeptmodul gehen sie stets von einer großen Anstrengung der Beteiligten aus.

* **Konzept nach Goleman:**
  Der Wissenschaftsjournalist und Psychologe Daniel Goleman bezieht sich vor allem auf das Zusammenwirken von vier Ebenen – Selbstbewusstsein, Selbstmotivation, das soziale Bewusstsein und die Beziehungsfähigkeit. Goleman versichert, dass nur die Ausprägung aller vier Bereiche zum Erfolg führe. Denn wer zu emotionalen Situationen geschult sei, aber keine Verbindung zu den Menschen herstellen könne, der weise keine hohe emotionale Intelligenz auf. Je nach sozialem Umfeld lässt sich diese Form der Intelligenz jedoch genauso lernen wie das Pauken von Fachwissen. Der Psychologe geht noch ein Stück weiter in Bezug auf das Zusammenspiel von 12 Kompetenzkategorien:

  - Emotionale Selbstwahrnehmung
  - Empathie
  - Organisationsbewusstsein
  - Optimismus
  - Leistungsorientierung
  - Anpassungsfähigkeit
  - Emotionale Selbstkontrolle
  - Inspirierende Führung

- Teamwork
- Coach und Mentor
- Einfluss
- Konfliktmanagement

1. Selbstwahrnehmung – Die erste Komponente beschäftigt sich direkt mit der Fähigkeit, eigene Emotionen zu erkennen und mit der Zeit zu verstehen und einzustufen. Dank dieser Erfahrung wird deren Einfluss auf Ihr Denken und das jeweilige Verhalten für Sie offensichtlich. Dafür sollten Sie allein Ihre Stärken und Schwächen kennen. Zudem bedarf es des Verständnisses, wie sehr das eigene Verhalten den Kontext beeinflusst. Eine simple Frage: Sind Sie kritikfähig? Beantworten Sie diese Frage nicht pauschal zu positiv, schließlich geht es um Selbsterkenntnis und Potenzialmaximierung.

____

____

____

____

2. Selbstregulierung – Nur wer seine Emotionen erkennt, erhält das Potenzial der Steuerung impulsiver Gefühle. Sie erlernen die Anpassungsfähigkeit an verschiedene Umstände. Gerade deren spontaner Wechsel überfordert viele Menschen. Lernen Sie, vor Ihrem Handeln nachzudenken.

____

____

____

____

3. Motivation – Um die verschiedenen Belastungen im alltäglichen, im konfrontativen und sozialen Umfeld zu meistern, bedarf es klarer Ziele. Motivation darf somit als Antrieb Ihrer kompletten Kommunikation angesehen werden. Klare Ziele wiederum führen Sie zu einer positiven Einstellung. Sie werden zielfokussierter! Sind Sie motiviert, präsentieren Sie sich belastbarer und antriebsstark. Dieser innere Ehrgeiz wird sich als deutlich wirkungsvoller erweisen als äußere Faktoren wie Status oder Geld.

____

____

____

____

4. Empathie – Die Selbstwahrnehmung für die eigenen Gefühle ist der Gegenpol der Empathie für die Emotionen der Kommunikationspartner und Menschen in Ihrem Umfeld. Lernen Sie, die Perspektive des Gegenübers zu sehen, zu verstehen und eine entsprechende Lösung zu finden. Das Verständnis beeinflusst das Handeln aller Beteiligten. Die emotionale Verbindung schafft einen ehrlichen und produktiven Zugang zu jeder Situation.

____

____

____

____

5. Soziale Kompetenz – Noch etwas weiter geführt, ermöglichen soziale Kompetenzen den Aufbau von positiven Beziehungen. Tatsächlich fällt Ihnen die Aufrechterhaltung dieser Verbindungen deutlich einfacher.

Sie werden oft als Soft Skills bezeichnet (Gegenstück zu Hard Skills – Fach- und Sachkompetenz, Lehrwissen). Ohne Kompromissbereitschaft und Teamfähigkeit kommen Sie deutlich eher an die Grenzen eines Potenzials. Für nahezu alle Situationen im Leben bedarf es einer Art Vertrauen. Soziale Kompetenzen bauen dieses deutlich schneller auf. Als Folge resultiert oft ein wahrnehmbarer Respekt.

____

____

____

____

Bereits 1998 stellte Goleman klar, dass sich effektive Führungskräfte in einem entscheidenden Aspekt ähneln: Sie verfügen alle über einen hohen EQ.

Goleman war Initiator des Gegenstücks zum IQ-Test – des EQ-Tests. Im Verbund mit weiteren Sozialwissenschaftlern lag der Fokus auf der Ermittlung der Fähigkeit, den Umgang mit anderen Personen zu meistern und deren Interaktionen zu bewerten. Während der IQ-Test auf das Erlernen und die Bewertung des Erlernten ausgerichtet ist, analysiert der Test von Goleman die Aspekte Beziehungsmanagement, Empathie, Selbstbewusstsein und auch das Sozialbewusstsein.

Im Unterschied zum lösungsbasierten IQ-Test zeigen sich bei der Messung der emotionalen Intelligenz aufgrund der individuellen Wahrnehmungen und Einschätzungen Hürden. Heutzutage stehen drei Testoptionen zur Verfügung:

1. Emotional Intelligence Inventar

Bei diesem von Dr. Lars Satow entwickelten Test werden die vier Bereiche Einfühlungsvermögen, Menschenkenntnis, emotionale Selbstkontrolle sowie Überzeugungskraft bewertet. Die Ermittlung erfolgt durch Selbstbeschreibung und soll auf das eigene Verhalten bezogen sein.

2. Mayer-Solavey-Caruso-Test

Weltweit betrachtet, handelt es sich hierbei um den am häufigsten angewandten EQ-Test. In seiner Anwendung löst der Proband ähnlich dem IQ-Test über 100 Fragen aus den vier klassischen Kategorien der emotionalen Intelligenz. Werden Emotionen in Gesichtern erkannt und werden Veränderungen während eines Zeitraums festgestellt? Zudem fließen Kenntnisse über Maßnahmen zur Beeinflussung ein. Ein Anwendungsprogramm analysiert und bewertet die Angaben und gibt einen Bericht aus.

3. Emotional Competence Inventory

Dieser Test von David Goleman ähnelt einem Persönlichkeitstest, der eine Wertung bestimmter Aussagen zugrunde legt. Der Grad der Zustimmung beziehungsweise Ablehnung ergibt ein erstes Bild. Folglich tritt nach dieser Selbsteinschätzung die Fremdeinschätzung in den Fokus. Als Referenz werden Freunde sowie Bekannte aus dem unmittelbaren Umfeld zu Rate gezogen.

3.4 Warum emotionale Intelligenz wichtig ist und warum sie uns beeinflusst

In jeder Branche gibt es ein paar wenige Kompetenzen, die Ihnen den Erfolg bringen werden. Neben einem geeigneten Zeitmanagement und Organisationstalent steht die emotionale Intelligenz ganz oben auf dieser Liste. Ganz einfach gesagt beschreibt sie die Klugheit der Gefühle – und diese finden wir schließlich in jedem Augenblick in uns. Die Kombination der Steuerung der eigenen Emotionen und denen der Menschen um einen herum schenkt Ihnen nun ein enormes Potenzial. Der Schlüssel zum Erfolg liegt somit in der Erkenntnis, Teil eines großen Systems zu sein und sich nicht nur als eine separate Komponente zu betrachten – dabei dürfen Sie Ihre Ansprüche und Ihr Wirken dennoch niemals unter Wert verkaufen. Doch in Beziehungen zu anderen zu denken und in vielerlei Situationen Rücksicht walten zu lassen, bringt oft den Pluspunkt in einem Moment oder gar einem gesamten Projekt.

Als Beispiel dient das Vorstellungsgespräch: Oft wird diese Situation von negativen Assoziationen begleitet. Der Bewerber fühlt sich beobachtet und unter Druck. Tatsächlich dient solch ein Treffen schließlich auch der Filterung möglicher Verstärkungen der unterqualifizierten Mitarbeiter. Doch fühlt sich der Proband unsicher und nervös, wird er gar nicht präsentieren können, was er wirklich kann. In einem vertrauten Umfeld sähe das vielleicht ganz anders aus. Wenn ein Personalchef beispielsweise diese Nervosität erkennt, steuert er womöglich die negativen Gefühle in eine entspannte und produktivere Umgebung. Andererseits bemerkt der Bewerber selbst, wenn er nervös wird. Nun wird er Entspannungsmethoden anwenden, um der unangenehmen Lage aktiv zu entfliehen. Dadurch schenkt er sich einen gezielten Fokus auf das Gespräch und sein Know-how. Er wird durch den aufkommenden Stress nicht abgelenkt und überzeugt das Gegenüber von sich eher.

Denn Sie sollten sich eines stets vor Augen führen: Überall, wo Menschen sind, dreht sich alles um entsprechende Beziehungen. Seien es Familienangehörige oder Freunde, Vereinsmitglieder oder Projektpartner – bei der Arbeit stehen Vorgesetzte und Kollegen ihnen gegenüber – immer haben sie mit Menschen zu tun. Da jeder Mensch permanent mit Emotionen gefüttert wird, stellt sich Ihnen die emotionale Intelligenz als neue High-End-Kompetenz vor. Laut diverser Assessment Center wird sie zu 95 % als die entscheidende Komponente bei Beurteilungen herangezogen. Denn eine hohe emotionale Intelligenz schenkt einige Vorteile:

- Verbesserung Ihrer Widerstandsfähigkeit (auch bei eventuellen Rückschlägen)
- nachweisliche Steigerung der Teamproduktivität
- Schutz vor Fehleinschätzungen / Vorurteilen
- Optimierung jeglicher Informationsverarbeitung
- Erhöhung projektübergreifender Erfolge
- Minimierung der Stress- / Angstzustände
- Entwicklung der eigenen Kommunikationsfertigkeit
- Entschärfung möglicher Konflikte
- emotionaler Rückhalt durch einfühlsamere
- Beziehungskonstrukte
- Steigerung der eigenen Kreativität

Eine gesteigerte emotionale Intelligenz senkt zudem den negativen Einfluss bestimmter alltäglicher Verzerrungen:

- Verluste werden nicht mehr übergewichtet
- Verhinderung des verzerrten Gruppendenkens / der unbegründeten Konformität
- Vermeidung des Nachwirkens von negativen Emotionen
- Reduzierung der Erwartungskonformität (wir suchen zu oft nach einer Bestätigung)
- Minimierung der Zuordnungsfehler durch Kategorien und Einstellungen

3.5 Betonung der Rolle im persönlichen und beruflichen Kontext

Schon die Kinder sollen sich ausdrücken lernen. Aus diesem Grund sind in vielen Kindertageseinrichtungen sogenannte „Gefühlsuhren" vorhanden. Verschiedene Gesichter für Lachen, Traurigsein, Ekel, Wut und Co. werden darauf von den Kindern mit dem Zeiger angesteuert. Wenn der Junge in der Ecke sitzt und schmollt, weiß im Prinzip niemand, weshalb er das tut. Außer schnippigen Abwehrmechanismen wird ohne ein wenig Einfühlungsvermögen nichts Hilfreiches vom Schüler kommen – es sei denn, er grenzt es selbst auf der „Uhr" ein und wird dann daraufhin angesprochen, welche Ursache das Gefühl haben könnte. So lernen die Kinder bereits in frühem Alter, welche Situationen zu welchen Emotionen führen und wie sie da rausgelangen. Denn schmollend in der Ecke sitzen, hilft keinem, auch den Erwachsenen nicht, wenn ihr Vorschlag nicht gebührend beherzigt wird. Diese einfache Formel lässt sich fabelhaft auf den Alltag – eben auch der Erwachsenen – übertragen. Die Konfrontation mit sich selbst, den Umständen und möglicherweise beteiligten Personen dient der Verarbeitung und der Beseitigung vieler kleiner Problemchen, die bei Ausbleiben einer Verarbeitung schnell zu großen Hürden anschwellen.

Die Feststellung der aktuellen Gefühlslage und der Weg aus dieser emotionalen Ablenkung vom Kern der Sache liefern im privaten wie im beruflichen Sinn einiges Potenzial zur persönlichen Entwicklung. Eine Mehrpersonenperspektive bringt die Wahrheit einer bestehenden Problematik deutlich effektiver an das Tageslicht als eine jeweils egozentrische Betrachtung. Unter Geschwistern und in der vertrauten Familie entsteht auf diesem Weg ein vertrauensvolles Miteinander. Im Arbeitsumfeld schaffen Sie sich mit konsequent angewandter emotionaler Intelligenz den Respekt für eine erfolgreiche Kooperation. Die oft hinderlichen persönlichen Befindlichkeiten lassen Sie ganz paradox hinter sich, indem Sie sich um die involvierten Personen kümmern. Viele Forscher sind sich einig, das Umfeld bestimme die intelligenten Rahmenbedingungen jedes Individuums. Eine gegenseitige Steigerung von akademischer und emotionaler Intelligenz wird daher angenommen.

3.6 Beispiele für Situationen, in denen emotionale Intelligenz einen Unterschied macht

Im Alltagsgeschehen spielt die emotionale Intelligenz eine große Rolle beim Verständnis von aktuellen Geschehnissen und in der Reaktion auf bestimmte Ereignisse. Beispielsweise wird ein Meckern in Ihrem Umfeld eine grundlegende Ursache besitzen. Im Allgemeinen äußert sich niemand grundlos pessimistisch. Hier gilt es, zu analysieren, ob die Abneigung aus einem Missverständnis resultiert. Wenn die Schwester das Mittagessen wählen darf, ist das nicht gleich ein Schritt Richtung Bevorzugung des anderen Familienmitglieds – vielleicht hat sie etwas Unangenehmes durchgemacht oder man selbst hat die letzten zwei Tage die Entscheidung über die Mahlzeit getroffen. Eine entsprechend präsente Fähigkeit des Hineinversetzens hilft auch bei einem spürbaren Rückzug einer beteiligten Person. Dies hilft im privaten wie beruflichen Kollektiv. Oft steht die Abkehr von der eigenen Person gar nicht wirklich mit dem Individuum in Verbindung, sondern resultiert aus einer negativen Emotion. Nur wer diese Momente nicht als sonderbar abtut, sondern die richtige Quelle dieser Folge ergründen möchte, kann Probleme offen benennen und damit lösen.

Gerade im Arbeitskollektiv entstehen schnell Lager zwischen den Mitgliedern. Scheinbare Bevorzugung, Hintergehen oder fehlender Respekt sorgen nun schnell für Unmut und vor allem zehrende Momente in der Zukunft – oft sogar ungerechtfertigt. Wenn die Kollegin ihr Potenzial nicht in dem vorgegebenen Zeitraum offenbart und eher noch wenig präsent ist, tobt vielleicht ein Sturm in ihrem Kopf. Wer unpünktlich kommt, muss nicht per se faul oder unzuverlässig sein. Denn wenn eine Pflege der Großeltern als alleinerziehender Vater neben dem Job die Zeit frisst, fehlt irgendwann jedem einmal Energie. Als guter Gruppenleiter gilt es, dies herauszufinden und im Rahmen des Möglichen Optionen zu finden. Resultiert daraus ein zeitigeres Nachhausegehen an einem bestimmten Wochentag, beispielsweise wegen Verbindlichkeiten in der Kita, sollte diese Entscheidung für das Kollektiv einsehbar sein. Manche Mitarbeiter sehen nur, dass die Person „immer" eher nach Hause geht – und dies für das gleiche Gehalt bei derselben Jobbeschreibung. Nach einigen Wochen könnte die Stimmung schnell kippen. Oft hilft hierbei schon ein gezielter Blick auf besonders distanzierte Augenblicke.

Selbstwahrnehmung und Selbstregulierung

Die große Herausforderung bei der Selbstwahrnehmung: unbedingte Ehrlichkeit zu sich selbst. Das äußert sich schon als großer Stein im Weg, da gut Gemeintes oder für wahr Gehaltenes sich einfacher einreden lässt, als dass wir uns mit uns selbst konfrontieren. Das Selbstbild ist uns immens wichtig. Da soll niemand merken, wie uns Ängste über Versagen oder die eigene Existenz begleiten. Die Folge können in diesen speziellen Fällen Unruhe oder gar Schlafstörungen sein. Wir werden immer unzufriedener und leiden bald im Berufsalltag und zuhause unter Burnout. Diese Eindrücke der Fremdbestimmung sorgen folglich überdurchschnittlich für körperliche Konsequenzen wie Bluthochdruck oder mentale Probleme wie Depressionen.

Hinweis: *Wissenschaftlichen Studien zufolge benötigt ein Mensch drei gute Gefühle in Relation zu einem unangenehmen Gefühl, um produktiv und energetisch aufzublühen.*

Daher steht die Konfrontation mit den eigenen Gefühlen ganz oben auf der Tagesordnung. Sie stellt den ersten Schritt zur Entwicklung des eigenen Seins und der individuellen Möglichkeiten. Hierfür beherzigen Sie am besten ein paar kleine Tipps:

- Legen Sie Termine mit sich selbst fest! (Nutzen Sie die Zeit für sich, atmen Sie durch und hören Sie in sich hinein)
- Schreiben Sie ein Emotions-Tagebuch! (Setzen Sie sich mit emotionalen Situationen am Tag auseinander)
- Holen Sie sich Rücksprachen von anderen! (Öffnen Sie die persönliche Komfortzone und setzen Sie sich dem Feedback aus)

Emotionen stellen Reaktionen auf benötigte Bedürfnisse dar. Werden diese nicht erlangt, entstehen Neid, Ärger und Co. Werden diese Emotionen über eine lange Zeit ignoriert, führt dies zweifelsohne zu spürbar steigender Belastung und Stress, dem Gedanken der Hoffnungs- sowie Sinnlosigkeit, Motivationsmangelerscheinungen sowie einer permanenten Unzufriedenheit. Sie können sich selbst einen Gefallen schenken, wenn Sie sich mit Ihrer Seelenwelt beschäftigen. Dazu gehört es auch, diese Bedürfnisse und Gefühle zu akzeptieren. Mit der momentanen Akzeptanz lassen sich sämtliche Gefühlswelten in eine Form von Potenzial ausrichten. Zusätzlich werden Sie automatisch empathischer, wenn Sie Ihr Gefühlslabyrinth einmal durchlaufen.

Tipp: *Fragen Sie nicht immer nach dem „Warum"! Fragen Sie nach dem „Was"! Dann meistern Sie verschiedene Situationen positiver.*

4.1 Die Rolle der Selbstwahrnehmung und der emotionalen Intelligenz

Ohne Selbstwahrnehmung bleibt emotionale Intelligenz im engen Korsett gebunden und kann sich nicht vollständig entfalten. Sie wird als Basis zur Erkennung der eigenen Gefühle und deren Unterscheidung angesehen. Und nur wer sich und seine Emotionen versteht, dem wird es auch bei der Interpretation anderer gelingen. Als Vorstufe der Selbstregulierung wird von Ihnen entschieden, ob Sie in der aktuellen Lage nur ungeduldig oder doch wütend sind. Sie dient als Kontrollinstanz des eigenen Verhaltens. Sicher kennen Sie eine cholerische Person in Ihrem Umfeld, die schnell alles herausposaunt, was ihr einfällt, und ganz direkt polternd jedes Mal auf den Tisch haut. Oft werden Sie bei einer Rücksprache auf dieses Verhalten die Antwort erhalten, was Sie jetzt wollen und dass doch kein böses Wort im Raum bestünde. In diesen Fällen wird Ihnen das notwendige Verständnis für so eine Rechtfertigung fehlen. Doch Ihrem Gegenüber fehlt einfach das Bewusstsein, was die Taten und die Worte auslösen. Die Urteilskraft des kommandierenden Menschen weist nunmehr keine Selbstreflexion auf. Und tatsächlich meint die Person in einigen Fällen es wirklich nicht böse.

Dabei spielt die Selbsterkenntnis die Schlüsselrolle für eine positive Veränderung. Daher werden sich kompetente Führungskräfte den Weg an die Spitze der Karriereleiter nicht brüllend und polternd greifen. Wollen Sie Ihre Selbstwahrnehmung fördern, führt kein Weg am Achtsamkeitstraining vorbei. Die Erfüllung von Projektarbeiten, die Gespräche mit den Kollegen sowie die Beantwortung von Mails gehören neben der Organisation unseres Privatlebens zum Alltag. Die beruflichen Situationen finden dabei präsent in der Außenwelt statt, während sie in unserer Innenwelt beeinflusst werden. Besteht ein ungutes Gefühl in uns selbst, werden sämtliche Aufgaben anders, oft schlechter und ohne Ausschöpfung des vollen Potenzials, ausgeführt. Natürlich darf dies auch einmal geschehen. Über die Zeit gesehen stehen Sie sich ohne gezielte Konfrontation und Verarbeitung damit selbst im Weg. Die Misere um zu wenig Zeit, zu wenig Finanzen, Unzuverlässigkeit sowie Urteile über Augenblicke aus der Ego-Perspektive wird folglich zu einer dauerhaften Verstimmung und Belastung. Dabei liegt die Ursache im eigenen Unterbewusstsein. Im positiven Sinne lässt es uns über uns hinauswachsen, in schlechten Fällen schränkt es uns vehement ein und hemmt. So gilt die Aufmerksamkeit unserer Innenwelt, um eine hinderliche Ablenkung vom Fokus zu vermeiden.

4.2 Erklärung der Selbstwahrnehmung und ihrer Bedeutung

Die Frage, wer man sei, offenbart auf den ersten Blick einfache Antworten. Wer kennt uns schließlich besser als wir uns selbst? Doch erklären diese vermeintlich ersten Gedanken wirklich unsere Stärken und Schwächen? Die Wahrnehmung der eigenen Person wird entweder mangels Gedanken über sich selbst im Schleier des Trüben belassen oder eine Verzerrung mittels falscher Interpretation zwischen Wollen und Können sowie mancher Lügen von uns und auch Menschen aus dem Umfeld bewirkt eher Unklarheit. Für die eigene Selbstentwicklung benötigen wir jedoch diese Eigenwahrnehmung.

Es wird nun schnell klar: Wir kommen uns nicht näher, wenn wir nur „positiv“ und „negativ“ bewerten.

Es ist der erste Schritt, aber die Nuancen dazwischen und die Ursachen für sämtliche Emotionen spielen den entscheidenden Part bei der vollständigen Betrachtung der eigenen Person. Da die Ehrlichkeit in der Sicht auf sich selbst eine der größten Herausforderungen darstellt, wandelt sich eine angepeilte Selbstwahrnehmung schnell einmal in eine Art Selbstbetrug. Eine Perspektive auf die eigene Person bringt somit auch Risiken mit sich. Die rosarote Brille oder ein mögliches Schönreden lässt uns nicht erkennen, welches Potenzial in Stärken steckt, und auch nicht, dass Schwächen nicht „das Schlechte" bedeuten. Aber wieso beschäftige ich mich gleich noch einmal mit dieser Selbstwahrnehmung? In erster Linie liegt es an der Ausrichtung des Lebensweges aufgrund der persönlichen Stärken und damit der Freisetzung von mehr Potenzial in der Zukunft. Im gleichen Atemzug fällt es Ihnen deutlich einfacher, Defizite zu umschiffen und auszugleichen, wenn Sie Ihnen bewusst sind. In der Anwendung der sich daraus ergebenden, neuen Möglichkeiten im Privaten adaptieren Sie mit der Zeit die Erfahrung ebenso wirksam auf das berufliche Umfeld – Sie profitieren somit gleich doppelt von dieser Reise auf dem Weg zu sich selbst!

Wer sich in einem Bild sieht und im Vergleich zur Fremdwirkung auf Kollegen, Mitmenschen und Bekannte ein ganz anderes vermittelt, nimmt über kurz oder lang ein Störgefühl wahr. Psychologen nennen dies kognitive Dissonanz. In einigen Fällen führt diese Wahrnehmung folglich zu Depressionen und permanenter Demotivation. Der Sinn jeder einzelnen persönlichen Handlung wird verkannt und das Selbstwertgefühl bleibt auf der Strecke.

4.3 Praktische Übungen zur Förderung der Selbstwahrnehmung

Jetzt kennen Sie das Potenzial der Selbstwahrnehmung und wissen, weshalb Sie diese vorantreiben sollten. Aber wie fördern Sie diese nun in der Praxis? Dafür stehen einige simple Methoden zur Verfügung:

1. Gefühlsspaziergang

Als Erstes bedarf es einer Umgebung. Daher wird entweder eine Geschichte erzählt oder sich ein Szenario vorgestellt (Sie dürfen gern auch ein Buch lesen und sich diese Atmosphäre vorstellen). Am besten brechen Sie mittendrin ab, damit nicht stets ein positives Ende oder etwas Erwartetes übrigbleibt. Notieren Sie sich, wie Sie sich fühlen – verbinden Sie diese Gefühlslage mit speziellen Worten, Beschreibungen oder lokalen Assoziationen. Haben Sie Ähnliches schon einmal selbst erlebt? Wie erging es Ihnen damals?

Zu zweit beziehungsweise in der Gruppe funktioniert es noch einen Schritt weiter. Zu den momentan berichteten Situationen werden Stimmungen mit Gestik und Mimik vom anderen begleitet. Jetzt kann der „Vorleser" diese Eindrücke aufsaugen und Erfahrungswerte sammeln.

2. Gefühle in mir

Die verschiedenen Emotionen sind nun bekannt. In der Regel werden die Emotionen mit körperlichen Begleiterscheinungen assoziiert. Diese stimmen größtenteils überein, können aber auch individuell variieren. In der Gruppe lernen Sie nun verschiedene Begleiterscheinungen von beispielsweise Wut kennen. Das schenkt ein offeneres Betrachten einer zukünftigen Situation sowie das Erkennen des persönlichen, unterschiedlichen Umgangs mit Emotionen.

3. Pantomime

Ohne verbale Beschreibungen müssen Ausdrücke und Körperhaltungen eindeutig erkennbar sein. Nur der visuelle Hinweis dient einer Orientierung. Im Familienkreis oder der Freundesgruppe ergibt es ein schönes Unterhaltungsspiel mit einem hohen Wert für die eigene emotionale Intelligenz.

Das Spiel wird weitergeführt, indem nach der erkannten Gefühlslage eine komplexe Erklärung als Ursache gefunden werden soll. Im Umfang von zehn bis zwanzig Sätzen wird ein regelrechtes Konstrukt entworfen, welches das Ergebnis von

Mimik, Gestik und Gefühlslage detailliert erklärt. Schlagwörter und Phrasen helfen hierbei nicht, sie sind einfach zu wenig für die vernetzte Gefühlswelt. Probieren Sie das ebenso beim Warten auf den Bus an der Haltestelle beim Betrachten der Passanten aus.

4. Rollenspiele

Sie eignen sich für jedes Umfeld, privat wie beruflich. Als getarnter EQ-Kurs im unterhaltsamen Mantel wird sich die Motivation in der Gruppe auch sehr hoch halten. Dabei stellen rundum alle Beteiligten zu einem bestimmten Schlagwort oder Sachverhalt ihre favorisierte Reaktion dar. Diese gilt es, auszuwerten. Im Arbeitskollektiv bietet sich eine entsprechende Reaktion eines Gegenübers an. Hierfür eignen sich unter anderem diese Beispiele:

- *Geburtstag*
- *Firmenauszeichnung*
- *Bewerbungsrunde*
- *Versprochen und doch gebrochen*
- *So nicht!*
- *Reklamation*

5. Perspektivwechsel

Jeder agiert im mehr oder weniger egozentrisch ausgelegten Rahmen. Wer jedoch durch die Brille eines anderen den gleichen Sachverhalt betrachtet, kommt manchmal zu einer zu seiner Einstellung abweichenden Erkenntnis. Dafür können verschiedene Brillen tatsächlich als Instrument genutzt werden. Speziell bei Kindern bietet es sich an. Fragen Sie nach alten Brillengestellen ohne Gläser. Es muss aber nicht sein, insofern jeder Teilnehmer seinen Standpunkt kennt. So werden die Themen aus pessimistischer wie optimistischer, aus verliebter und grollender Perspektive betrachtet. Die unterschiedlichen Brillenseiten passen Sie am besten an das jeweilige Sujet an. Es müssen nicht nur zwei Seiten einer Medaille analysiert werden. Zu einem Aspekt fördert die Kommunikation aus mehreren Perspektiven das Potenzial:

- *Zustimmung*
- *Ablehnung*
- *Alles egal*
- *Mitläufer*
- *Überzeugender*
- *usw.*

6. Ich kenne dich – Beschreiben Sie alltägliche Situationen, in denen Sie und die Teilnehmenden aufeinandertreffen oder miteinander agieren müssen. Während der verbalen Darstellung der jeweiligen Szene spielt ein Gegenpart die für diese Situation passende Körperhaltung, Mimik und Gestik des Sprechers nach. Es sollen bewusst charakteristische Darstellungen gefunden werden.

Eine Variante dieser Partnerübung besteht in der verbalen Weiterführung. Hier fängt der Sprecher mit der Beschreibung einer Szene an und ein anderer führt diese nun mit eigenen Worten und nach eigenen Erlebnissen mit dem Sprecher fort. Es werden in beiden Fällen Diskrepanzen aufgezeigt. Hierbei lernen wir, wie unterschiedlich wir und andere Menschen uns sehen. Natürlich soll das in keiner polemischen und beleidigenden Art vonstattengehen. Mit Respekt und Ehrlichkeit lernen wir voneinander und eliminieren Problemfelder in der Zukunft.

4.4 Techniken zur Selbstregulierung und Emotionsmanagement

Wenn wir in der Selbstwahrnehmung Fortschritte machen, folgt Schritt 2: die Selbstregulierung. Dazu müssen Sie nur verstehen, dass jedes Gefühl eine Reaktion auf einen bestimmten Grund ist. In der Theorie befindet sich Ihr Körper in einem Entspannungsgleichgewicht, förmlich in einem Ruhezustand – auch wenn Sie sich bewegen sollten. Dies wird als Homöostase bezeichnet. Doch plötzlich trifft eine Störung ein und ein spezieller Reiz bringt Sie aus diesem Gleichgewicht. Daraufhin reagiert der Körper auf diese Anspannung. Und nun ist es wichtig, wie viel Kapazität Ihr Körper benötigt, um diese Spannung abzubauen. Ist die Kapazität zu gering, entsteht Stress.

Dieser präsentiert sich in verschiedenen Situationen. Es gilt, ihn möglichst effektiv und effizient abzubauen. Insbesondere hilft die Selbstregulierung in folgenden Lagen:

- rascher Geduldsverlust
- cholerisches Temperament
- schnelles Anheben der Lautstärke
- schlechte Konzentration
- Angst, vor Menschen zu kommunizieren
- Einschlafprobleme

Lassen Sie Ihren Emotionen nicht die alleinige Kontrolle, werden Sie verschiedene alltägliche und auch besondere Situationen bald deutlich einfacher und schadloser bewältigen. Mut und Zorn sind zwei sehr gewaltige Größen, strotzen sie nur so von Energie. Daher entsteht aus Mut meist Übermut und aus Zorn öfter Verbitterung oder sogar der eine oder andere Gewaltausbruch.

* **Meditation:** Am besten beschreibt es die indische Meditationstechnik Vipassana. Bei dieser Methode steht die Selbst-beobachtung im Vordergrund. An einem ruhigen Ort schließen Sie die Augen und atmen tief durch. Konzentrieren Sie sich bitte auf Ihre Atmung. Sie sollen den Luftstrom regelrecht spüren. Wenn Sie die Ruhe genießen, denken Sie nacheinander an alle Bereiche Ihres Körpers. In diesen Momenten spüren Sie, wie Sie sich fühlen. Führen Sie dies pro Tag einige Minuten durch, entwickeln Sie Ihre Selbstbeherrschung. Das Alltagstraining findet beispielsweise bei Ihnen zu Hause statt oder an Ihrem Lieblingsplatz in der Natur. Wenn in einer heiklen Situation unvermittelt Stress auftaucht, sind Sie bereits gewappnet. Zusätzlich suchen Sie sich ein ruhiges Zimmer oder die oberste Etage im Treppenhaus und aktivieren diese positive Energie als Ablenkung von der stressigen Situation. Diese Technik ist adaptiv auch als Gedankenstopp, einer Übung aus den 1950er Jahren des Psychiaters Joseph Wylde, bekannt. In seiner Theorie wollte er vor allem den stetig wiederkehrenden dysfunktionalen Gedanken (dem Grübeln) entgegenwirken.

- **Imaginäres Ambiente:** Setzen Sie sich in Ihren Vorstellungen diversen Situationen aus, in denen Sie sich verletzlich fühlen. Bewerten Sie nun die Situationen sowie die daraus entstehenden Gefühle. Wem die Vorstellungskraft vor dem geistigen Auge in der Situation ein wenig fehlt, der beschreibt die Szenen. Damit erörtern Sie Impulse, die zu negativen Reaktionen führen. Tatsächlich präsentieren Sie sich folglich bei vergleichbar auftretenden Lagen deutlich sicherer und robuster.

- **Kunsttherapie:** Gefühle können hinterfragt werden. Dies geschieht auf verschiedenen Wegen und hängt von der eigenen Persönlichkeit ab. Formulieren Sie Ihre Gedankenwelt in Worten oder betätigen Sie sich des Handwerks oder der Malerei. Sie verleihen Ihren Gefühlen damit einen Ausdruck. Ähnlich der Aussprache mit den Betroffenen in einer Streitsituation liegt die Lösung oft in der Konfrontation.

- **Ehrliche Selbsteinschätzung:** Herrscht ein Mangel an Selbsterkenntnis vor, verlieren wir deutlich öfter die Kontrolle über unsere Emotionen. Daher spielt die Selbstwahrnehmung eine so entscheidende Rolle auf dem Weg der emotionalen Intelligenz. Suchen Sie daher einmal in der Woche nach den guten, erfolgreichen Momenten der letzten Tage.

- **Selbstklärung:** Wieder einmal ist die direkte Konfrontation mit sich selbst Gold wert. Erkennen Sie im Moment, was Sie benötigen? Das sollten Sie! Welche Gefühle nehmen Sie gerade wahr und welches Bedürfnis sollten Sie befriedigen? Finden Sie mindestens 3 Optionen, um das Bedürfnis zu stillen! Ordnen Sie nicht nur Ihre Stimmung und die vorherrschenden Gefühle ein. Ordnen Sie auch Ihre Interpretation in diesem Kontext ein. Oft werden durch unwissende oder falsche Interpretationen unnötige Stressmomente ausgelöst.

- **Schmetterlingsumarmung:** Es werden Erinnerungen wach, als die Mutti einen bei Gewitter in den Arm und damit einem die Angst nahm. Das Prinzip funktioniert in jedem Alter und als Erwachsener umarmen Sie sich einfach selbst. Berührungen schaffen Vertrauen und bauen Stress ab.

Wenn gerade kein Vertrauter in der Nähe ist, übernehmen Sie diese Aufgabe. Diese Methode funktioniert mit über Kreuz gelegten Händen auf der Brust, den Schultern, dem seitlichen Rücken oder den Oberarmen. Wenn Sie sich nun noch sanft streicheln, verfliegt der gefühlte Stress im Nu.

* **Klopfakupressur:** Diese als Emotional Freedom Techniques (EFT) bekannte Methode schenkt Ihnen emotionale Freiheit in der aktuellen Situation. Dafür müssen Ihnen lediglich die Energiepunkte des Körpers bekannt sein. Hierbei handelt es sich um Körperstellen, die mittels Nervenbahnen direkt mit dem Angstzentrum verbunden sind. Das Angstzentrum des Gehirns (Amygdala) wird somit stimuliert und es tritt in Kürze eine Beruhigung ein.

Zudem legen Sie bitte Wert auf den Fokus eines richtigen oder positiven Aspekts, anstatt sich auf alle Fehler und Mängel zu konzentrieren. Die negative Anspannung erhöht die niederschmetternde Wirkung von Unterschieden, Kritiken und anstehenden Forderungen. Natürlich darf der Erkenntnis von Verbesserungsvorschlägen für die Zukunft nachgegangen werden. Denn hier haben wir es wieder: Gefühle sind Reaktionen! Erst wenn Sie Emotionen wahrnehmen, sie danach reflektieren und anschließend Ihre Gedanken daraufhin verändern, werden Sie die Emotionskontrolle meistern. Dafür sind manchmal kleine Schritte nötig:

- Fokus auf Dinge, die Ihnen guttun
- Unterbrechung des aktuellen inneren Monologs
- Loslassen von der momentanen Situation
- aktiv werden

Die Kommunikation im privaten Umfeld und ein leistungsbezogener Erfolg am Arbeitsplatz werden durch emotionale Intelligenz gefördert. Zum Glück lässt sich auch diese Eigenschaft trainieren, sodass jede Person ihren individuellen Rahmen dank einfacher Übungen verbessern kann. Da für 75 % der Personalentscheider die EI ein, wenn nicht sogar der, relevante Indikator ist und etwa 58 % der Joberfolge auf diese Kernkompetenz zurückzuführen sind, lockt hierbei großes Potenzial.

Selbstreflexion stellt das Fundament jedes EI-Trainingsprogramms dar – daher auch das Emotions-Tagebuch. Das regelmäßige Niederschreiben wird als Journaling bezeichnet. Diese Tipps helfen dabei:

- Schreiben Sie offen und ehrlich über Gefühle und damit verbundene Gedanken.
- Eine Schreibroutine schenkt Ihnen schnelle und gleichzeitig konsequente Entwicklung.
- Versuchen Sie sich bei der Reflexion an verschiedenen Alltagssituationen.
- Erweitern Sie Ihre Aspekte stets mit einer fiktiven „Was-wäre-wenn-Situation“ und unterschiedlichen Reaktionen. (Erkennen Sie Ihren Weg dabei!)
- Fortschritte beim Erkennen Ihres Weges sollten Sie festhalten – schaffen Sie sich Motivation!

Journaling hilft Ihnen ebenso beim Stressabbau – daher erweist es sich als sehr empfehlenswert. Wenn Sie schon beim Niederschreiben und Betrachten der Ereignisse sind, stellen Sie sich gleich ein paar Fragen:

- Wofür sind Sie heute dankbar?
- Auf welche Situationen freuen Sie sich heute?
- Wie ist Ihre momentane Stimmung (Wie war sie heute früh?)
- Was hätten Sie besser handhaben können?
- Welche Erkenntnis nehmen Sie aus der aktuellen Betrachtung mit?

Weiterhin ist es enorm wichtig, sich ein verlässliches Feedback von der Außenwelt zu holen. So entreißen Sie Ihre Betrachtung der eigenen Person aus der Ego-Perspektive und setzen sie in einen relativierenden Kontext. Dabei sollten Sie auf ehrliche und auch vertrauensvolle Reaktionen setzen. Das Feedback soll schließlich förderlich und unterstützend anstatt vernichtend sein. Projekt-Teambesprechungen am Ende einer Deadline als Resümee bieten sich im intakten Kollektiv an. Etwas kleiner fangen Sie in Ihrer Familie und dem Freundeskreis mit Beurteilungen Ihrer Reaktionen an.

Hinterfragen Sie mit Ihrer besten Freundin oder dem Lebenspartner, ob Sie eine bestimmte Situation im Alltag hätten anders lösen sollen.

Stressbewältigung schützt vor schnellen Urteilen und spontanen Bewertungen. Wer langsam bis zehn zählt, schenkt dem präfrontalen Kortex Zeit. Dieser Bereich reguliert sämtliche unserer Emotionen. Nachdem Sie die aufsteigende Impulsivität unterdrückt haben, gewinnen Sie die Kontrolle über sich selbst zurück. Zudem hilft ein Tapetenwechsel – da reicht manches Mal schon das Nachbarzimmer, um aus einer stressigen Situation auszubrechen. Wer sich vom aktuellen Umfeld löst, regt den rationalen Teil des Gehirns an. Und zu guter Letzt – die Gegenemotion. Das als emotionale Inhibition bezeichnete Phänomen bewirkt eine Neutralisierung des negativen Gefühls durch eine Visualisierung von positiven Gedanken.

Emotionale Intelligenz im Arbeitskollektiv steigern Sie am besten durch Motivation und Gewohnheit. Den Wert des Einzelnen für die gesamte Arbeit / das Projekt darf gern jedem auf eine persönliche Weise offengelegt werden. Nur wer seine Rolle im Spiel kennt, wird diese mit Leidenschaft ausüben. Infolgedessen werden kleine Rituale festgelegt. Diese sind als Intrinsische Lernmotivation bekannt. Beispielsweise locken Belohnungen bei einer Potenzialsteigerung von 1 % oder es wird ein gemeinsames Frühstück nach abgeschlossenem Projekt initiiert. Die Vielzahl an Möglichkeiten für Belohnungen in einem Arbeitsteam schenkt für jede Branche und alle Themen spezielle Ansätze.

Einen Schritt weiter geht ein Growth Mindset. Hierbei handelt es sich um eine Wachstumsphilosophie. Sie sehen Herausforderungen als Chancen und Neues als Potenzial an. Diese Einstellung fördert die Weiterentwicklung nachweislich und lässt Sie Hürden mit mehr Energie und eigener Überzeugung meistern. Wer sich vor Augen führt, dass neue Erfahrungen stets das größte Lernpotenzial bilden, weiß um das Potenzial des kleinen positiven Wörtchens „Ja“.

Mit der Zeit mausern Sie sich zu einem anpassungsfähigen und resilienten Menschen, dem Unsicherheit nichts anhaben kann und der neue Umstände für sich zu nutzen vermag. Die Kraft der psychischen Widerstandskraft – Resilienz – darf im Alltag nicht unterschätzt werden.

Veränderliche Technik, Trendentwicklungen und die Weiterentwicklung jeder Branche selbst brechen bekannte Routinen irgendwann zwangsläufig. Da wäre es gut, wenn nicht die ganze Welt und das Vertrauen in sich selbst zusammen-brechen.

Natürlich gehört zu allen Erfolgsgarantien stets das bewusste Zuhören. Ein aktives und daher produktives Gespräch kennzeichnet sich insbesondere durch diese Aspekte:

- nonverbale Impulse wie Kopfnicken, Blickkontakt und Co.
- inhaltliche Wiederholung an passenden Stellen
- Aufgreifen einzelner, vorher genannter Punkte
- immer die eine Frage mehr zu stellen, um in die Tiefe
- vorzudringen
- bestmögliche Beseitigung von Ablenkungsrisiken

Für eine gute Kommunikationsstruktur empfiehlt sich das als Minto-Pyramide bekannt gewordene Modell. Die auf Barbara Minto zurückgehende Kommunikationsstruktur setzt das Hauptaugenmerk auf die eine Kernaussage. Dies könnte beispielsweise ein Ziel / eine Erwartung sein. Nach und nach werden weitere Details angebracht, die das Verständnis der Aufgabe erleichtern. Hierbei könnte es sich um Meilensteine während des Arbeitsprozesses, Teambildungen, Maßnahmen zur Erreichung der Etappenziele oder Vergleichbares handeln. In Bezug auf einen privaten Familienurlaub würde sich erst einmal alles um das Reiseziel drehen, während danach die Tagesplanungen besprochen und Wünsche berücksichtigt werden.

Als effektive Kommunikationsstrategie hat sich ebenso die Dual Coding Theorie von Allan Paivio aus dem Jahre 1986 durchgesetzt. Die Grundlage hierbei bildet der Gedanke, dass bildliche und verbale Informationen im Gehirn an vollkommen verschiedenen Arealen analysiert, bearbeitet und vor allem gespeichert werden. Dies machen Sie sich zunutze, indem Sie beide „Medienquellen“ kombinieren, um eine sichere Abspeicherung von Wissen zu garantieren und damit einen Lernerfolg zu fördern.

Wer nur Wörter hört, speichert diese als Wort. Wer ein Bild als Abbild des verbalen Inhaltes sieht, verarbeitet die Informationen in zwei Bereichen.

Zum besseren Verständnis: Wer von einem roten Ferrari spricht und dabei ein Bild dieses Wagens zeigt, gönnt dem Rezipienten eine deutlich höhere Wahrscheinlichkeit der Erinnerung und Zuordnung, als wenn er nur einen Wagen benennt. Dieser theoretische Ansatz lässt sich in die komplexe Projektumgebung transportieren – kommunizieren Sie daher in Bildern (und gern auch mit angezeigten Bildern). Obacht: Sie sollten keine komplizierten Konstruktionen und poetische Meisterleistungen entwickeln. Bleiben Sie in der allgemeinverständlichen und einfachen Sprache. Der Mensch setzt deutlich höhere Relevanzen bei der Aufnahme an Informationen, wenn mehr Sinne gleichzeitig angesprochen werden. Auf diese Weise wird die Kommunikation direkter, verständlicher und auch effektiver – diese Variante schafft eine engere Bindung und höhere Motivation mit Ihren Kollegen, den Mitarbeitern oder externen Kooperationspartnern.

Empathie und soziale Kompetenz

Das Wort der Empathie geht auf den deutschen Philosophen Hermann Lotze zurück. Er nennt es erstmalig als Begriff im Jahre 1848. Er greift dabei auf den Wortstamm „pathos“ für „Leidenschaft“, „Unglück“ beziehungsweise „Leiden“ zurück und verbindet es mit der Vorsilbe „em“ für „an“, „auf“ beziehungsweise „in“. Etwas freier interpretiert handelt es sich seit dieser Zeit um die Fähigkeit der Einfühlung oder des Einfühlungsvermögens. So kompliziert „das Einfühlungsvermögen“ sich äußert, so unterschiedlich präsentiert es sich auch. Daher zählen verschiedene Formen der Empathie unter diesen Oberbegriff:

* **Emotionale Empathie:** Sie empfinden das Gleiche wie Ihre Mitmenschen. Sie wird auch als emotionale Sensitivität bezeichnet.

* **Kognitive Empathie:** Zusätzlich zu den Empfindungen werden ebenso die Intentionen des Gegenübers in den jeweiligen Situationen verstanden. Dies ermöglicht Schlussfolgerungen hinsichtlich möglicher genereller Verhaltensweisen.

* **Soziale Empathie:** Dieser relativ neue Begriff beschreibt das Verständnis komplexer Verhaltensweisen in unterschiedlichen sozialen Gefügen und Schichten. Vereinsmannschaften, Familien und der Kollegenstamm erfordern diverse Verhalten und werden von speziellen Absichten gelenkt. Der Begriff selbst geht auf das Jahr 2010 und einige Abhandlungen der US-Professorin Elizabeth Segal zurück.

Empathie fängt bereits im familiären Umfeld mit der Mutter-Kind-Beziehung an.

Und jeder hat schon einmal von einem ganz speziellen Phänomen im Krankenhaus gehört oder es live erlebt. Denn schreit auf einer Säuglingsstation eines Krankenhauses ein Baby, werden in Kürze jede Menge Mini-Schreihälse zu verzeichnen sein. Dieses Phänomen wird als Affekt-Ansteckung bezeichnet.

Das Einfühlungsvermögen stellt keine Entwicklungsstufe der Intelligenz dar. Unter verschiedenen Tierarten sind in unterschiedlichsten Studien empathische Reaktionen festzustellen. Hierbei überzeugen die uns nah verwandten Affen besonders. Aber auch Mäuse, Vögel und diverse Rudeltiere brillieren mit einer Fähigkeit im Sinne der Gruppe.

Neben der dunklen Triade – eine Kollektivbeschreibung der Psychologie – von Machiavellisten, Narzissten und Psychopathen mit deutlich unterdurchschnittlicher Ausprägung eines Einfühlungsvermögens steht der Empathie mit der Technisierung ein weiterer Widersacher gegenüber. Gerade die Social-Media-Kanäle lassen trotz eines „Gemeinschaftssinns“ die Empathie oft vermissen. Fehlende direkte Kommunikation führt nun einmal nachweislich öfter zu Mobbing und Sozial-Neid anstatt zu Verständnis.

Empathie ist eine besonders wichtige Komponente – versteckt sich hinter ihrer Bedeutung doch das überdurchschnittliche Verständnis für andere Menschen und deren Emotionen. Daher verfügen empathische Menschen über besondere Fähigkeiten:

- Konzentration auf den Sprecher
- Fertigkeit im Lesen der Mimik
- Verstehen von Körpersprache
- Stressmanagement durch Gespräche
- Mitteilung über hängenbleibende Geschichten
- Lernkompetenz mittels Beziehungen
- optimaler Umgang mit eigenen Emotionen
- Vorhandensein positiver Einstellung
- Setzen von wirksamen Komplimenten
- genaues Zuhören in Konfliktsituationen
- Motivation der Mitmenschen
- Aufbau nachhaltiger Beziehungen
- Hilfe / Unterstützung nutzen
- Reflexion der eigenen Gefühle

Doch hinter der Empathie verbirgt sich mehr als das Hineinversetzen in Mitmenschen oder das Gespür für das Gegenüber. Daher wird auch zwischen emotionaler, kognitiver und sozialer Empathie unterschieden. Während sich die kognitive Empathie mit den Gedanken und Gefühlen anderer Personen beschäftigt, erschafft die emotionale Empathie ein Mitgefühl für durchlebte Situationen. Diese beiden Formen in Verbindung ermöglichen erst das Management einer gesamten Gruppe und das Einschätzen jeder einzelnen Handlung auf mehr als nur einen Menschen – daran misst sich die soziale Empathie.

Einfühlungsvermögen, Mitgefühl und gegenseitige Rücksichtnahme – all das macht die Empathie aus und führt sie dank Sensibilität und Verständnis in vielen Bereichen des Lebens in das Licht. So wie wir bei den Filmfiguren des neuen Blockbusters oder der Schmökerlektüre mitfühlen, so sollten wir das mit den Personen in unserer unmittelbaren Umgebung handhaben. Empathie geht daher auch mit einer gewissen Verantwortung einher. Aus folgenden vier Säulen der Empathie erkennen wir jeweilige Situationen:

1. Wahrnehmung – Wortwahl, Körpersprache, Stimme, allgemeine Verfassung
2. Verständnis – Einordnung der Lage und die Suche nach Details
3. Resonanz – Vermittlung von Akzeptanz und Unterstützung
4. Antizipation – Vordenken über Situationen entsprechend der aktuellen Verfassung

Machtkämpfe um Entscheidungen kennt hoffentlich nicht jeder. Doch sie sind immer noch im Alltagsgeschäft gang und gäbe. Dieses Gefüge präsentiert sich mitunter auch in Beziehungen und vergiftet das Miteinander langsam oder sehr schnell. In jedem Fall kommen die Beteiligten nicht weiter.

Tipp: *In vielen Fällen hilft bereits ein „Warum?". Persönlich genommene Aussagen und die eine falsch gedeutete Anspielung zerstören bereits die Harmonie. Doch nicht nur die Information des Gegenübers und seine momentane Gefühlslage bestimmen die Rezeption. Auch die eigene Welt*

der Emotionen trägt zu einer Falschinformation für einen selbst bei. Die Frage nach dem Grund löst uns aus der Ego-Perspektive und den momentanen Groll. Ein „Warum" verfügt über einiges an Potenzial:

- *höflicher Hinweis auf Alternativen*
- *Entschärfung eines Konflikts durch Erklärung*
- *Freilegung des tieferen Sinns*

5.1 Bedeutung von Empathie in zwischenmenschlichen Beziehungen

Zwischenmenschliche Beziehungen sind ein komplexes System. Dennoch gibt es einige Personen, die sich problemlos durch dieses Sujet navigieren, während andere Menschen in jeder Sekunde um den Status deren Aufrechterhaltung kämpfen. Hierbei spielt der Grad der emotionalen Intelligenz selbstredend die entscheidende Rolle – denn das solide Fundament aller Beziehungen liegt in Werten wie Verbundenheit, Vertrauen und Mitgefühl begründet. Das Verständnis der eigenen Emotionen hilft bei dieser Aufgabe ungemein. In der Folge lässt sich die Absicht einer Reaktion oder die Gefühlslage eines Kollegen in der aktuellen Situation selbst viel leichter erkennen.

Und wer sich um einen kümmert, dem schenken wir mehr Vertrauen. Eine weitere Säule der Festigung von Beziehungen liegt in der internen Konfliktbewältigung zwischen den zwei Beziehungspartnern. Sowohl im privaten als auch im beruflichen Umfeld entscheiden die Toleranz, Akzeptanz und das gemeinsame Lösungspotenzial über die kommende Statusmeldung. Wer möchte den Kontakt zu einem beleidigenden Miesepeter aufrechterhalten, der sich über die Inkompetenz des Mitarbeiters wegen eines kleinen Schusselfehlers auslässt? Merken Sie sich: Gemeinsam durchstandene Situationen ohne Schaden auf beiden Seiten binden Menschen aneinander – da darf es schon einmal die ein oder andere Meinungsverschiedenheit geben. Bei der Wahrnehmung der Szene helfen folgende Punkte:

- Reflektieren Sie Ihre Erfahrungen!
- Holen Sie Feedback ein!

- Treten Sie aus Ihrer Ego-Perspektive zurück!
- Sehen Sie das Miteinander / Neue als Chance!
- Binden Sie Ihre Kompetenzen ein!

***Tipp:** Empathie zwischen verschiedenen Beteiligten lässt sich in einem regelmäßig stattfindenden Teamgespräch üben. Gerade zu einzelnen Schritten eines Projekts analysieren Sie Schwerpunkte hinsichtlich Belastung und Optimierungspotenzial.*

Die kleinen Dinge des Lebens werden in diesem Hinblick Gold wert sein. Wer sich öffnet und ein wenig Intimität ermöglicht, bekommt Vertrauen und Herzlichkeit zurück. Obacht: Sie sollen jetzt nicht bei jedem neuen Kontakt mit der Tür ins Haus fallen. Bauen Sie diese Ebene sanft und langfristig kontinuierlich auf. Die Äußerungen folgender Punkte helfen dabei:

- Bedürfnisse
- Wünsche
- Sorgen
- Belastungen
- Stimmungslage
- Meinungsäußerung
- Anekdoten (Erfahrungen)
- Träume
- Höhen und Tiefen

Doch jeder Aufbau von Ritualen ist mit einer Art Routine und daher einer Integration eines Rituals verbunden. Folgendes schafft diese Regelmäßigkeit:

- Besprechungen (Team / Familie)
- regelmäßige Veranstaltungen in Gemeinschaft
- füreinander da sein (Arbeit abnehmen, Fragen nach
- dem Befinden etc.)
- Projektabschluss im Team
- gemeinsame Pausen / Auszeiten
- ernst gemeinte Nachfragen (Stand der Dinge, „Wie war dein Tag?“ und „Hast du schon gehört?“)

Die aufmerksame Beobachtung sollte es Ihnen ermöglichen, abweichende Stimmlagen zum gewohnten Bild einer Person mit der Zeit zu erkennen. Oft benötigen wir in dieser Abweichung Beistand bei etwas. Wer eine ausgezeichnete Selbstkontrolle ausübt, erlebt eine Entwicklung bei sich selbst und überträgt dieses Potenzial ebenso auf externe Situationen:

- Verbesserung der Diplomatie
- Steigerung des Selbstbewusstseins
- Erweiterung der Mitteilsamkeit (privat wie beruflich)
- emotionaler Ausgleich durch Kontakte
- Stärkung des Wertgefühls in der Gruppe

Beziehungspflege funktioniert nunmehr am besten mittels persönlicher Verbindung. Zum einen handelt es sich hierbei um private Interessen, Vorlieben und Hobbys. Andererseits zählen auch fachspezifische Überschneidungen oder ähnlich erlebte Situationen als interne Verknüpfung.

Hinweis: *Gesunde Beziehungen weisen einen hohen Grad an Loyalität und Unterstützung auf. Wird dies nur einseitig gelebt, wird die Beziehung toxisch, ein Part wird mitunter ausgenutzt und viel zu schnell dreht sich eine negative Spirale. Empathie erweist sich im Privaten hinsichtlich der Beziehungsfragen und in Alltagssituationen in der Familie als äußerst nützlich. Aber auch im beruflichen Alltag ist sie ein guter Berater. Wenn die Absichten Unbekannter für Polizisten eingeschätzt werden müssen oder ein Missmut zwischen Arbeitskollegen entsteht, sollte die Einschätzung verlässlich erfolgen. Des Weiteren profitieren die Kommunikation und Lösungsorientierung im Sektor Dienstleistung von einem hohen Grad an Empathie – nicht nur bei Beschwerden, auch bei der Beratung. Oder woher kommt die Lernschwäche bei den zwei Schülern in der Klasse, während der Rest der 1a wunderbar im Unterricht mitzieht? In jedem Fall bedarf es des aktiven Zuhörens und parallel des Verstehens von Tonfall, Körpersprache sowie Mimik und Gestik. Das stellt natürlich eine Herausforderung dar. Mit einem nachweislich entwickelten Sozialverständnis funktioniert diese Aufgabe besser:*

Wenn die Frau bei der nächsten Sportschau erschöpft das Zimmer betritt und sich über ihren Tag beklagt, wäre das Anheben der Lautstärke mit der Fernbedienung eine nicht empathische Reaktion. Doch warum findet diese Reaktion der Distanz öfter statt, als man denkt? Empathie raubt nämlich auch eigene Kräfte und belastet überdimensioniert ebenso die Beziehungen wie nicht vorhandene Empathie. Das Schwenken hin zum Mitleid anstatt des Mitgefühls sowie die leichte Manipulation durch bewusst gesetzte Impulse im Umfeld lassen auch Nachteile der Empathie aufblitzen.

In der Beziehung sollten daher immer mindestens 15 Minuten Gespräch über den Tag angepeilt werden. Das gilt für jedermann. Während dieser Zeit berichtet ein Part von den Erlebnissen sowie Gefühlen und der andere hört lediglich zu. Es folgen offene Fragen. Heucheln Sie kein Interesse vor, das durch „Ja“ oder „Nein“ befriedigt werden kann. Natürlich wechseln danach die Seiten. Wenn einmal ein Disput über Vorlieben und Wünsche aufbricht, darf immer das Wort „Kompromiss“ aufleuchten. Bei der Wahl des Ausflugs am Wochenende müssen dann nicht beide Vorschläge umgesetzt werden. Das lässt sich auch nacheinander erledigen. Sie mögen doch das Gefühl, wenn Ihrem Wunsch entsprochen wird? Das geht dem Gegenüber genauso! Verinnerlichen Sie den Gedanken, dass niemand über kurz oder lang stets benachteiligt werden möchte.

5.2 Entwicklung von sozialer Kompetenz und effektiver Kommunikation

Teamfähigkeit und Kommunikationstalent zählen zu den entscheidenden sozialen Kompetenzen. Zudem weisen sozial veranschlagte Menschen ein hohes Maß an interkultureller Kompetenz sowie Vertrauenswürdigkeit auf. Doch erst mit der Empathie präsentiert sich die Königin der sozialen Kompetenzen – schließlich ermöglicht sie die optimale Integration aller Beteiligten zu einem verständnisvollen Ganzen. Die Empathie vermag aber noch viel mehr. Sie steuert ebenso eine effektive Kommunikation durch klare Ziele, individualisierte Aufgaben und erfolgreiche Produktionen. Dank der Entwicklung der sozialen Kompetenz erreichen Unternehmen auf effiziente Weise Ihre Vorgaben. Sie profitieren von unschlagbaren Kernvorteilen:

- effektiver Informationsaustausch
- vertrauenserweckende Transparenz
- einfache Motivationsquelle
- optimales Konfliktmanagement mit rechtzeitiger Problemerkennung
- Steigerung des Innovationsantriebs
- Effizienzmaximierung durch Verantwortung
- Förderung des Teamgedankens
- unkomplizierte Anpassung (Technik + Mitarbeiter)
- reibungslose Koordination (auch in Krisenzeiten)
- Erleichterung der Führung / Organisation (Aufstellung einer klaren Richtung)

Empathie als Fähigkeit, Mitgefühl zu empfinden und sich in Sichtweisen anderer Menschen hineinzuversetzen, stellt den zentralen Punkt der emotionalen Intelligenz dar. Tatsächlich bietet diese Fertigkeit große Vorteile in Bezug auf bestimmte Handlungen – nachvollziehbar oder vorhersehbar –, eine benötigte Hilfestellung oder den generellen Umgang mit Menschen in bestimmten Gefühlslagen. Mit ein paar kleinen Tipps können Sie deutlich empathischer werden:

* **Lernen Sie Ihre persönliche Gefühlswelt kennen:** Für ein noch so kleines Verständnis der Verhaltensweisen anderer Personen bedarf es der Reflexion der eigenen Gefühlswelt. Ansonsten ist Empathie nahezu unmöglich aufzubauen. Erkennen Sie bestimmte Gefühlsregungen? Bestimmen Sie deren Auslöser! Sie werden nun feststellen, welchen Bedarf Sie in bestimmten Lagen haben. Natürlich variieren die individuellen Bedürfnisse, aber der erste Schritt ist getan.

* **Beobachten Sie Ihr Umfeld:** Empathie geht stets mit einem wachen Blick einher. Nur wer bestimmte Reaktionen sieht, sieht sich in der Lage zu einer möglichen Interpretation. Dafür lohnt sich allein der einstündige Aufenthalt in einem Café. Beobachten Sie bestimmte Regungen bei Begrüßungen! Was verrät Ihnen die Körpersprache bei verschiedenen Menschen? Hierbei geht es nicht um eine richtige oder falsche Analyse, sondern um den freien Zugang zu Möglichkeiten.

* Zeigen Sie Interesse am Gegenüber: Je intensiver Sie eine Person kennen, desto größer sollte Ihr Interesse am anderen

sein. Und dies steigert automatisch die Empathiefähigkeit. Bei den Liebsten daheim, Freunden sowie den alltäglichen Kollegen sollte das Verständnistraining daher einfach und gern vorangetrieben werden. Und dies erweitern Sie folglich auf neue Situationen mit eher unbekannten Personen – Sie fangen beim Nachbarn an, reden mit der Lieblingsverkäuferin oder amüsieren sich in der Bahn mit einem Fan der lokalen Sportmannschaft nach einem Heimspiel (ohne dass Sie selbst Fan sein müssen). Damit dies funktioniert, muss das Interesse wahr sein. Sie sollten nichts vorheucheln. Erstens merkt es das Gegenüber und zweitens bringt es Ihnen in Ihrer Empathieentwicklung rein gar nichts.

* **Lernen Sie Empathie von Mitmenschen:** Jeder kennt mindestens eine Person in seinem Umfeld, die sofort Anklang findet und als mitfühlender Mensch bekannt ist. Ein reger Austausch mit diesem Menschen bringt Ihnen viele Erkenntnisse. So besprechen Sie mit ihm verschiedene Situationen und einiger Reaktionen. Eine Ihnen sehr vertraute Person vereinfacht die Aussprache ungemein. Mit ihr lohnt sich auch die oben angesprochene Auszeit im Café. Ihre Begleitung fungiert nun als mögliches Lösungsbuch für so manches Rätsel.

* **Schieben Sie Ihre Vorurteile zur Seite:** Leben Sie von Vorurteilen, leitet Sie Ihr inneres Bild. Viele reale Aspekte übersehen Sie aufgrund des bereits festen Bildes im eigenen Kopf. Wer Menschen offen gegenübertritt, erkennt neues Potenzial im Miteinander.

* **Hinterfragen Sie das Verhalten der Mitmenschen:** Situationen sind nicht nur einfach eingetreten, sie bahnen sich ihren Weg aufgrund bestimmter Gründe auf die Bühne. Es lohnt sich daher, stets zu hinterfragen, weshalb es passiert ist und wieso involvierte Personen die jeweiligen Schritte gegangen sind. Im generellen Kontext erkennen Sie bestimmte Vorgehensweisen einzelner Mitmenschen.

* **Unterscheiden Sie zwischen Mitgefühl und Mitleid:** Sich in andere Situationen hineinzuversetzen, lockt mit mehr Potenzial, als dieses Leid selbst nachzuempfinden. Während das Mitleid die persönliche Empathie ein wenig blockiert, unterstützt das Mitgefühl eher mit Lösungsansätzen.

* **Lesen Sie zwischen den Zeilen:** Ausgesprochene Worte sind in vielen Situationen nicht einmal die halbe Informationslage über das eigentliche Szenario. Die relevante Botschaft kommt meist subtil in nonverbaler Kommunikation daher. Dafür bedarf es insbesondere des eigenen Gedankens vor der ersten Reaktion. Ein kurzer Moment des Innehaltens und der Reflexion weist den Blick dann oft auf einen anderen Schwerpunkt. Tatsächlich müssen Sie für dieses Verständnis gar nicht so viel Empathie besitzen. Sie sollten einfach nachfragen, ob Sie Positionen und Aspekte richtig verstanden haben. Das „Am-Ball-Bleiben“ schafft bereits Vertrauen beim Gegenüber.

* **Gönnen Sie sich verschiedene Umfelder:** Je mehr Menschen aus verschiedenen Kreisen Sie kennen, desto mehr Lebensläufe, unterschiedliche Bedingungen und Relevanzen lernen Sie kennen. Dieser Reichtum an Optionen schenkt Ihnen einen vielseitigen Einblick in diverse Lebensmodelle und daher auch Ansichten. Träume, Gefühle sowie die eventuell existenten Probleme variieren zu Ihrem Lebenslauf mitunter deutlich. Aber auch wenn es sich nicht um Ihre Vorstellungen handelt, verstehen Sie die individuellen Wünsche besser.

* **Ziehen Sie sich andere Vita über:** Dieser Tipp ist mehr im privaten Unterhaltungssegment anzuwenden. Das Theaterspielen wirkt sich auf die Steigerung der Empathiefähigkeit aus. Die Darstellung der richtigen und zugleich überzeugenden Gefühle beansprucht stets die Auseinandersetzung mit den Fragen, welche Emotionen vorherrschen und worin sie begründet sind.

* **Walten Sie mit Nachsicht:** Aufreger entstehen schnell. Doch die Gründe dafür bleiben meist im Trüben. So werden sie allerdings nicht eliminiert. Daher gilt es, mehr als nur das Momentum zu klären. Vielmals stecken zeitintensive Bedingungen rund um einen Aspekt hinter einer unerwünschten Situation.

* **Achten Sie auf Ihre Energie:** Empathie benötigt einen gewissen Spielraum an Zeit und Kraft. Dieses Pensum darf Ihnen selbst bei der Erledigung Ihrer Aufgaben nicht abhan-

denkommen. Verlieren Sie sich daher nie selbst aus den Augen, wenn Sie empathisch walten wollen. Wenn Ihnen die emotionale Hilfestellung zu nah geht, ziehen Sie sich lieber selbst ein wenig aus dem Geschehen. Oft wartet auch eine Chance der Klärung in einem späteren Augenblick. Zudem löst Empathie in einem selbst auch Gefühle aus. Trennen Sie daher bestmöglich die eigenen von den fremden Gefühlen. Beachten Sie stets die notwendige Distanz.

Tipp: *Planen Sie für den Prozess der Empathiesteigerung und der Anwendung dieser sensiblen Fertigkeit immer ausreichend Zeit ein. Das alles benötigt Zeit!*

5.3 Techniken zur Verbesserung der sozialen Kompetenz

Techniken zur Verbesserung der sozialen Kompetenzen legen vor allem Wert auf die Sensibilisierung. Eventuell auftretende Schwierigkeiten werden folglich dank selbstsicherem, aber dennoch offenem Verhalten interpersonal gelöst.

- ausreden lassen und Gedanken ergänzen
- Konflikten stellen und sofort verarbeiten
- themenbezogene Konversation und kein Mix aus allem
- Meinungsverschiedenheiten akzeptieren
- positiv bleiben
- Körpersprache beachten
- Schulungen nutzen (speziell Führungspositionen)
- Interesse zeigen (Nicken, Lächeln, Bezug nehmen etc.)

Folgende Fragen stehen bei der Suche nach dem Grad der emotionalen Intelligenz im Fokus:

- Versetzen Sie sich leicht in andere Personen?
- Nehmen Sie Ihre Gefühle bewusst wahr?
- Bleiben Sie in Stresssituationen objektiv und ruhig?

- Sehen Sie bei anderen Personen, wie diese sich fühlen?
- Äußern Sie sich eindeutig, präzise und verständlich?
- Tragen Sie oft die Rolle des Vermittlers in einer Gruppe?
- Sind Sie die Anlaufstelle für einen Rat anderer?
- Würden Sie sich als aufmerksamen Zuhörer bezeichnen?

Die Fähigkeit selbst lässt sich mit drei einfachen Gedanken trainieren:

- Kennen Sie Ihre eigenen Bedürfnisse!
- Stärken Sie Ihre Toleranz!
- Verbessern Sie Ihre Kommunikation!

Aber wie wird der erste Schritt erfolgreich beschritten – wie erhöhen Sie Ihre Selbstwahrnehmung?

- Schreiben Sie Tagebuch oder ein vergleichbares Journal!
- Identifizieren Sie bewusst Ihre Leitphilosophie, Lebensprinzipien und persönliche Werte!
- Notieren Sie Ihre Ziele und die Motivation für sämtliche Einzelschritte!

Verfeinern Sie Ihre Empathiefähigkeit in kleinen Schritten:

- Lernen Sie andere Personen verstehen (Rollenspiel)!
- Üben Sie sich in Unvoreingenommenheit und lösen Sie sich von schnellen Urteilen!
- Schaffen Sie eine Verbindung zu Menschen (wahres Interesse)!
- Trainieren Sie das aktive Zuhören (am Ende zusammenfassen)!
- Probieren Sie sich in der Anpassungsfähigkeit zum Wohl der Gruppe!
- Denken Sie sich in Gruppendynamiken hinein!

- Verwenden Sie aktiv-offene Kommunikation anstatt passiv-aggressive Stile!
- Erdulden Sie Feedback / Kritik (mehr Potenzial als Vernichtung)!
- Lernen Sie verschiedene Konfliktlösungsstrategien!

Zudem gelingt fast nichts ohne entsprechend ehrliches Reflektieren der Sachlage und der Handlungen – das betrifft Aktionen und Reaktionen von sich selbst und natürlich auch aller restlichen Gruppenmitglieder.

In vielerlei Situationen zeigt es sich von Vorteil, sich selbst in das Gegenüber hineinzudenken und zu verstehen, was diese Person durchleben könnte. Es wurde im letzten Satz bewusst das Wort „könnte“ gewählt, weil ein Hineinversetzen oft eine Interpretationssache ist. Sie beruht auf Erfahrungen. Je mehr Erfahrungen wir sammeln, desto eindeutiger werden wir unterschiedliche Situationen auseinanderhalten und die richtigen Schlüsse ziehen. Nun bleibt noch zu klären, ob es die erfolgreiche Strategie zum Hineinversetzen in einen anderen Menschen gibt und wie sie denn lautet. Das Ernüchternde: Den einen richtigen Weg für emotionale Intelligenz gibt es leider nicht. Denn selbst die vielversprechenden Maßnahmen werden stets individuell umgesetzt. Daher variiert die Durchführung und somit auch das Ergebnis. Generell fallen folgende Veränderungen in der gewohnten Kommunikation häufig auf:

- untypische Wortwahl
- Klangverlauf der Stimme
- Gesichtsausdruck
- Körperhaltung

Oft gibt der Kontext zu bestimmten Anhaltspunkten Klarheit. Aus diesem Grund stellt eine ehrliche Fragestellung eine elementare Option auf einen Mehrwert dar. Erkennen wir bestimmte Emotionen, bedienen wir uns der kognitiven Empathie. Reagieren wir auf Erkanntes selbst gefühlvoll, spricht die affektive oder emotionale Empathie aus uns. Wie Sie selbst schon in eigenen Erfahrungen festgestellt haben werden, treten beide Empathievarianten in der Regel zusammen auf.

Hinweis: *Die Emotionserkennung nimmt mit steigendem Alter ab. Anders, als die zunehmende Lebenserfahrung vermuten lässt, sehen sich viele Probanden im Alter von 60 Jahren und mehr weniger gut in der Lage, Gesichter, Stimmen und Körperhaltung zu deuten. Diese Selbsteinschätzung unterstützen einige Studien. Vor allem die kognitive Empathie lässt im Alter nach. Das gewonnene Wissen über die liebsten Personen im Umfeld über die Jahre wird jedoch oft genauso vorhanden angewandt. Beispielsweise wissen ältere Pärchen immer noch, was den anderen stresst, auch wenn sie es weniger offensichtlich erkennen.*

Beziehungsfähigkeit und Führung

Zwischenmenschliche Beziehungen führen insbesondere in der Arbeitswelt mit Hierarchieketten, professioneller Koexistenz und der Abhängigkeit einiger Aufgabengebiete voneinander zum hohen Anspruch der meist täglichen Anforderungen. Um Menschen zu führen, bedarf es einiger Voraussetzungen mehr als nur die vorhandene Position und die Macht von oben. Wer hier emotional intelligent agiert, fördert einiges Potenzial zutage:

- Stärkung / Steigerung der Zusammenarbeit
- positive Beeinflussung zum Erreichen der Zielvorgaben
- Entwicklung einer Vision
- Erweiterung des Vertrauensverhältnisses in Abteilung / Unternehmen
- Vereinfachung der Führungsaufgaben
- effektive Delegation zur Splittung eines Projektes in Etappen

Mit aufmerksamen Ohren und neugierigen Fragen gelangen Sie deutlich schonender an Ihre Ziele. Sie erkennen mögliche Problemfelder, koordinieren aktuell und steigern die Flexibilität. Dafür müssen Sie sich aber auch als guter Kommunikator erweisen. Und wie funktioniert das?

1. Klare Aussagen
2. Objektives Handeln
3. Achtsamkeit auf eigene Wirkung
4. Verwendung von Lob / Motivation

Da Sie als Führungskraft stets an die Mitarbeiter gebunden sind, profitieren Sie von der Kenntnis über individuelle Bedürfnisse einzelner Arbeitsplätze. Dabei kann es sich um Fragen rund um die Ausstattung und Materialien handeln, es geht des Öfteren aber auch um persönliche Befindlichkeiten und private Belastungsfreiheit. Aufgrund der Forschungen der Psychologen Edward Deci und Richard Ryan kommt es in puncto Führung und Mitbestimmung auf drei generelle Faktoren an – Autonomie, Kompetenz und Verbundenheit. Dies erfordert zunehmend ein unterstützendes anstatt einschränkendes Umfeld sowie stetes ehrliches Engagement um das Team – auch in schwierigen Situationen.

Tipp: *Entdecken Sie Ihre eigene Motivation und die damit verbundenen Emotionen, um bei Ihren Mitarbeitern entweder anzusetzen oder deren gewünschte Impulse zu erkennen. Führungsstärke korreliert mit der Gesamtleistung im Kollektiv – zusammen erzielen Sie die wesentlichen Erfolge.*

Ein Führungsdialog erweist sich als förderlich, um Ihre Gedanken mitzuteilen. Im Personalgespräch – bitte ohne Druck – werden folglich die Bedürfnisse aufgezeigt:

- Bedürfnis nach Bindung (Nähe, Distanz)
- Bedürfnis nach Anerkennung (Einzigartigkeit, Zugehörigkeit)
- Bedürfnis nach Selbstbestimmung (Sicherheit, Freiheit)

Aufgrund der stetig zunehmenden Geschäftsdynamik, des Balanceakts zwischen Arbeitswelt und Privatleben sowie der Ungewissheit sowie Entscheidungspflicht ohne wirkliche Mitsprache wird das Teamgefüge konsequent beeinflusst und mitunter kompromittiert. Die Führung eines Kollektivs im Modus Autopilot funktioniert daher fast nie. Führungsstärke bedeutet auch, sich selbst immer wieder auf sich verändernde Rahmenbedingungen einzulassen und Lösungen zu finden. Das Aufbrechen der Automatismen schenkt neues Potenzial und eine gelebte emotionale Intelligenz hin zu verschiedenen Variablen. Sie stärken Ihren Status mit folgenden Punkten:

- gelebte Kontaktfreudigkeit (sie erlaubt dennoch Auszeiten und Alleinsein)
- verlässliche Präsenz (Unterstützung und Rückhalt)
- freier Umgang mit Emotionen (fördert Austausch und Entlastung auf beiden Seiten)

6.1 Wie emotionale Intelligenz Beziehungen und Führungskräfte beeinflusst

EI gegen Autorität – betrachten wir die Angst vor Schwäche als häufige Ursache für autoritäre Verhaltensweisen, steht es allein schon 1:0 für die emotionale Intelligenz. Bedenken Sie nun noch die reibungslose (Arbeits-) Umgebung sowie das förderliche Abbild des Realgeschehens, liegt das emotional gesteuerte Team fast schon unheilbar vorn. Es kommt einem so vor, als würde ein EQ-Weltmeister die Stadtklassenautorität schlagen und wortwörtlich beeindruckend führen. Im Zusammenspiel von Aufmerksamkeit und ehrlichem Interesse entfacht die emotionale Intelligenz sehr großes Potenzial – allein die Beobachtung der Körpersprache der liebsten, vertrautesten oder alltäglichen Menschen um einen herum gestaltet die Suche nach Auffälligkeiten, Konflikten oder Belohnungen doch sehr einfach.

***Hinweis:** Im digitalen Zeitalter ohne zwingende und manchmal ohne regelmäßige Direktkontakte kommt dem Persönlichen eine noch größere Rolle zu. Zufriedenheit, Angst und Arbeitsstress offenbaren sich nicht so eindeutig während der professionellen 15-Minuten-Meetings im Internet oder per Telefonkonferenz in einem Restaurant.*

Im Umgang mit den Emotionen eines gesamten Teams klären Sie am besten erst einmal Ihre eigenen Emotionen:

- Kennen Sie sich selbst?
- Können Sie sich beherrschen?
- Erkennen Sie an Beobachtungen Situationen?
- Wie schnell lassen Sie sich provozieren?
- Wie perfekt sind Sie?
- Wann gehen Sie von Ihrem Weg ab?

Die Fragen klingen einfach. Bei der Beantwortung gilt es nun, nicht zwei Wörter oder einen Satz zu finden. Es sollen verschiedene Alltagssituationen mit allen Fragen durchgespielt werden. Nutzen Sie ruhig 30 Minuten pro Fragestellung, um dezidiert Ihre Reaktionen kennenzulernen. Danach kennen Sie sich ein wenig besser und haben womöglich schon einen Ansatzpunkt für die eigene Weiterentwicklung gefunden.

***Tipp:** Sie sind nicht in der Lage, eine der obigen Fragen definitiv zu beantworten! Ihre Reaktionen sind nicht schubladengeeignet, sondern korrelieren mit Ihren Werten und den Umständen der jeweiligen Szene.*

6.2 Strategien zur Förderung einer emotional intelligenten Teamkultur

Als Teamkultur werden die Muster bezeichnet, die aus langfristiger Zusammenarbeit / langfristigem Zusammensein resultieren. Sie manifestieren sich aufgrund verschiedener Aspekte:

- Arbeitsmethoden
- Art und Weise der Kommunikation
- Einstellungen
- soziale Gepflogenheiten
- Vereinbarungen
- Verhaltensweisen

Während die traditionelle Teamkultur auf ein professionelles Image großen Wert legt, setzt die kollaborative Teamkultur auf die Leistungssteigerung durch Interaktion, Verbundenheit und Unterstützung. Als dritte Option beleben Flexibilität, unkonventionelles Denken sowie stetes Lernen die Kreativität der innovativen Teamkultur. Transparenz, Vertrauen, Offenheit und einige andere Charakteristika ermöglichen folglich eine Vielfalt an Teamkulturen. Dabei weisen alle Optionen eine feste Größe auf: Die Erschaffung einer positiven und produktiven Umwelt. Dafür werden ein paar Pfeiler für den Erfolg dieses Masterplans benötigt:

1. Offene Kommunikationswege
2. Kooperationswille
3. Deutliche Erwartungen / Ziele
4. Dankbarkeit und Anerkennung
5. Investition in Teambildung / Schulung

Ein Stück weit tiefer in die Materie vordringend, etablieren Sie folgende Maßnahmen in Ihren Alltagsprozess im beruflichen Umfeld. Die Integration der Methoden erfolgt nacheinander und sanft. Der Mensch gleicht einem Gewohnheitstier und darf sich gern auf die neuen Ausrichtungen einlassen. Die Nutzung des Potenzials verlangt stets nach der persönlichen Übernahme. Und die wird meist durch Überzeugung erreicht – das braucht ein wenig Zeit:

- partizipative Gestaltung von Treffen / Meetings
- frequente Feedback-Kultur
- Entscheidungsfindung mit dem Fokus auf einen
- Konsens
- Team-Diversität
- Identifizierung von Chancen / Herausforderungen
- wertfreie Fehlerkultur

In der Folge entscheiden Sie sich für regelmäßige Schulungen in verschiedenen relevanten Segmenten. Sie fördern die Individualkompetenz, schenken Vertrauen und gleichzeitig ein von der Routine abweichendes Einsatzgebiet und somit eine zielgerichtete Motivation. Die Teammitglieder werden diese Schritte positiv bewerten – und so findet sich ein stabiles Teamgefüge.

Emotionale Intelligenz im Berufsleben

Im privaten Umfeld erweist sich ein entsprechend hoher Grad an emotionaler Intelligenz oft als Kit für die Beziehungen in der Familie und der Freundschaft. Aber auch in der Arbeitswelt profitieren wir mit ein wenig mehr Einfühlungsvermögen. Tatsächlich berücksichtigen immer mehr Personalentscheidungen diese Komponente persönlicher Stärke. Explizit werden bei Bewerbungsgesprächen besondere Fragen zur Ermittlung des EQ-Levels gestellt. Diese ermöglichen eine bessere Voraussicht der Integration eines potenziellen Probanden in die bestehende Unternehmenskultur. Im Speziellen äußert sich dies für Bewerbungen in Führungspositionen – logisch: da werden Sie für unterschiedlich viele Menschen verantwortlich sein. Zudem steht die Teammotivation für erfolgreiche Ergebnisse oben auf der Agenda der Geschäftsleitung. Nur wenn Arbeitsgruppen zufrieden und voller Elan ihre Projekte angehen, sticht dabei in einem wirtschaftlich tauglichen Zeitfenster eine Lösung für eine anstehende Aufgabe heraus. Zu diesen Soft Skills zählen nun:

- Kommunikationsstärke
- Fähigkeit des fokussierten Zuhörens
- Empathie
- Sozialbewusstsein
- Konfliktmanagement
- Beziehungsmanagement

Stellen wir uns die Frage, welche Bedeutung die emotionale Intelligenz für den Berufsalltag innehat. Im Prinzip vereinfacht sie den Kommunikationsfluss und damit die Effektivität des gesamten Unternehmens. Doch ein ausgeprägter Grad an EQ am Arbeitsplatz ermöglicht noch weitere Pluspunkte:

- Stressreduktion
- Erhöhung der Verantwortlichkeit
- Flexibilitätsförderung
- Steigerung von Engagement und Motivation
- Verbesserung des Arbeitsumfeldes
- Optimierung des Zeitmanagements
- Bereicherung der Teamarbeit
- Maximierung der Führungsstärke
- Stärkung des Kundenservices
- effektiverer Aufbau

Damit nicht alles an einer Person hängenbleibt, stellt die Integration eines EQ-Screenings bei den Einstellungsgesprächen eine gute Lösung dar. So werden bereits emotional starke Personen als Grundlage eines intakten Teamgefüges als Grundpfeiler eingesetzt. Mit ein paar Teambildungsmaßnahmen über das Jahr verteilt wird folglich ein ideales Umfeld mit konstruktiver Kommunikation und vertrauensvoller Offenheit hergestellt – die Grundlage für Leistung und Motivation.

7.1 Emotionale Intelligenz im Arbeitskontext: Umgang mit Kollegen und Vorgesetzten

Bekleiden Sie eine Schnittstellen-Position in Ihrem beruflichen Alltag, wird die Notwendigkeit emotionaler Intelligenz aufgrund wechselnder Kommunikationspartner schnell klar. Zum Beispiel wird der Job im Kundendienst stets von dem emotionalen Kontakt des Kunden zu Ihnen begleitet werden. Da wird distanzierte Rationalität schnell als Gefahr für den Betrieb wahrgenommen. Aber auch als Berater für verschiedene Gesellschaften muss Ihnen das Verständnis des Gegenübers am Herzen liegen, um die richtige Strategie einzuschlagen und produktive Richtlinien festzulegen. Betrachten wir uns den Abteilungsleiter, erkennen wir, mit wie vielen unterschiedlichen Persönlichkeiten diese Position an jedem Arbeitstag zurechtkommen muss. Und sie muss es wollen. Der positive Umgang mit Menschen wird nicht funktionieren, nur weil die Aufgabe und die Bezahlung es verlangen. Ein Stück weit muss die betroffene Person dazu veranlagt sein, der Rest ist der Wille zum Erlernen der Empathie – denn das geht tatsächlich!

Während die Assistenz einer Chefetage aufgeregte Mitarbeiter bereits vor dem Kontakt mit dem Firmenchef besänftigen kann, vermittelt der Betriebsrat zwischen Notwendigkeiten der Angestellten und Vorstellungen der Firmenleitung. In allen Fällen liest die emotional verankerte Instanz den Kern der Sache heraus, ohne auf Wut, Angst oder Überschwang zu reagieren. Dafür muss sie diese Emotionen eben richtig zuordnen und steuern. So hilft es dem Angestellten selbst, dem Chef beim Vortragen des Anliegens und dem gesamten Arbeitsklima beziehungsweise Prozessverlauf.

Verschiedene Anforderungen bei unterschiedlichen Projekten verlangen nicht nur nach dem Hineinversetzen in Individuen, sondern auch in unterschiedliche Herausforderungen mit eben jeweils einer eigenen Gruppe an Persönlichkeiten. Die Anforderungen gestalten sich in manchen Ebenen immer komplexer. Bei einer hohen Frequenz an Aufgaben, einem hohen Workload und mitunter in einer durch Multitasking charakterisierten Position entstehen leicht Stresssituationen. Wenn jetzt jemand anruft, während die Emotionen hochkochen, wird dieser Kommunikationspartner in der Leitung oft pampig oder schnippig bedient. Dies geschieht nicht einmal gewollt, wenn die betroffene Person ihre Emotionen nicht steuert. Mal abgesehen von dem unrühmlichen Kommunikationsstil, liegt die Gefahr für Fehler unter erhöhtem Stresslevel auch deutlich höher. Jetzt gilt es, Prioritäten zu setzen, sich auf die eine Aufgabe zu konzentrieren und die Forderungen der Mitmenschen wahrzunehmen.

Die Betreuung einer Aufgabe bringt manchmal auch den benötigten Schritt zurück vom Aufgabenberg mit sich. Je höher die Verantwortung, desto mehr Druck kann sich theoretisch aufbauen. Druck muss abgelassen werden – dies wird auch durch gezielte Aufgabenverteilung und die Betreuung dieser einzelnen Gruppen erzielt. Und jetzt bedarf es wieder der optimalen Kommunikation zwischen allen Beteiligten.

Denn eine enge Teamarbeit bringt kurze Wege, schnelle Lösungen und auch die eine oder andere Reiberei. Ein Kollege mit ausgeprägter emotionaler Intelligenz vereinfacht das Miteinander. Produktionsketten, Logistikroutinen und Planungsdeadlines erzeugen einige Abhängigkeiten im Arbeitsablauf.

Je weiter hinten die betroffenen Personen in der Produktionskette angesetzt sind, desto höher baut sich der Druck für Abgabetermine auf. Mitunter stehen jedoch organisatorische Elemente vor einem wichtigen Entscheidungsprozess und werden vertagt. Nun verlangen die Teammitglieder einen Arbeitsrhythmus, den die Planer noch nicht bieten können. Des Weiteren empfinden die Back-Office-Mitarbeiter einen Nachteil in der 8-Stunden-Schicht vor Ort, wenn der Außenmitarbeiter nur kurz präsent ist und „irgendwo" draußen, nicht einsehbar, arbeitet. Doch diese Mitarbeiter stehen oft unter Abschlussdruck.

Auch hier gilt es, zu vermitteln und klare Aufgabenfelder zu präsentieren, wie sehr jedes Teammitglied benötigt wird und seinen Beitrag leistet. Bei unterschiedlichen Persönlichkeiten reicht hierbei nicht immer der Newsletter oder die eine Montagsbesprechung. In diesen individuellen Fällen der Sorge oder des Ärgernisses muss in der Regel persönlich auf die Mitarbeiter und Kollegen zugegangen werden. Ein emotional veranlagter Mensch in der Kollegschaft mit gutem Kontakt zur Chefetage leistet in vielen Firmen den vermittelnden Part, der durch Vertrauen einhergeht.

Hektik und Zeitstress, die ausbleibende Lieferung der einen Abteilung und die damit immer näher rückende Deadline erzeugen schnell Spannungen – ohne dass wir die Gründe für manche Tatsachen kennen. Ein Perspektivwechsel und damit einhergehend das Gespräch sind nun Gold wert. Schwelen die negativen Emotionen an, wird die eigene Arbeitsleistung und irgendwann auch die der anderen leiden. Da lohnt sich mitunter schon der kleine Plausch am Kaffeeautomaten zur Klärung der Sachlage.

Die Zusammenarbeit verschiedener Abteilungen stellt eine weitere Herausforderung dar. Wer eine Software produzieren möchte, der legt Wert auf eine benutzerfreundliche Oberfläche. Der Programmierer und der Designer jagen in erster Linie effektiven Trends und modernen technischen Lösungen nach. Jeder hat seinen Fokus, aber ohne ein Miteinander wird es nicht funktionieren. Denn wenn die Programmierung einen eigenen Weg geht, wird der für das Layout Verantwortliche sich öfter über Fehler wundern. Genauso schwierig präsentieren sich Verantwortlichkeiten in unterschiedlichen Arealen.

Wenn der Schatzmeister einer Firma für seinen Standort digitale Info-Schilder ordert und am entsprechenden Gebäude der Freiraum für den Standfuß nicht vorhanden ist, ärgert es die Belegschaft vor Ort. Dann muss eine neue Konstruktion gebaut werden, aber die laufenden Aufträge wollen auch erfüllt werden.

So kleine Diskrepanzen sorgen wiederum für Unstimmigkeiten beim nächsten Aufeinandertreffen. Ein riesiges Theater oder ein Krankenhaus zu reinigen, erfordert eine entsprechende Anzahl an Mitarbeitern. Diese müssen im Dienstplan und auch in den Arealen koordiniert werden. Vor allem muss die Zeitplanung mit der Umsetzbarkeit übereinstimmen. Ein Chef muss ganz schön viele Dinge berücksichtigen. Hinsichtlich des Arbeitsablaufs müssen viele Weichen gestellt werden. Da erweist es sich als äußerst hilfreich, die wichtigen Erkenntnisse aus den jeweiligen Abteilungen zu einem gelungenen Gesamten zu vereinen.

Im Sinne der Produktivität darf gern auch visionär im Vorfeld nach den besten Rahmenbedingungen Ausschau gehalten werden. Denn Mobbing und Burnout sind Folgen falscher Führung und nicht die Konsequenz einer schwachen Persönlichkeit. Viele der Reibereien am Arbeitsplatz entstehen aus sozialen Konflikten – über die Fachkompetenz verfügen die Angestellten vielfach. Als Reaktion auf einen Streit funktionieren diese einfachen Mittel:

- Perspektivwechsel
- Durchatmen
- Nachgeben
- Empathie
- Fragenstellung
- Authentizität
- Reife

Tipp: *Zu einem Streit gehören stets zwei Parteien. Wenn eine Partei über ihren Schatten springt und nicht sofort impulsiv reagiert, wird jeglicher Zoff erst einmal pulverisiert. Im Nachhinein sollte doch noch ein klärendes Gespräch gesucht werden – wenn die Gemüter abgekühlt sind. Eine emotional intelligente Person unterdrückt eine Provokation gekonnt, auch wenn sie sich im Recht befindet.*

Mit einer Rücksichtnahme auf persönliche Gedanken in Bezug auf einzelne Meetings oder Projektbesprechungen formen Abteilungsleiter ein stabiles Selbstwertgefühl bei den Beschäftigten. Die Beteiligten lernen, dass nicht jeder Vorschlag relevant ist, aber dass jede Möglichkeit neues Potenzial mit sich bringt. Die Folge daraus ist eine Steigerung der individuellen Aktivität und Entschlossenheit. Im Sinne des Projektinhalts, der Ware oder des Kundenstammes offenbaren Firmen ihren Kontaktpartnern ein hohes Leistungslevel und eine effiziente Arbeitsweise. Des Weiteren wird das Teamgefüge nicht durch Passivität gehemmt, sondern mittels Engagement gestärkt.

Sobald eine Position als Bindeglied fungiert, wird sie als Mittelpunkt von zwei unterschiedlichen Perspektiven in Beschlag genommen. Der Austausch sollte entspannt auf das jeweilige Gegenüber angepasst werden, ohne die realen Inhalte zu verschleiern. Zudem stellen Sie den Ansprechpartner schlechthin für alle anderen Abteilungen dar. Daher scheint Multitasking vonnöten, aber die Konzentration auf Relevanz und Details schafft deutlich mehr Vorteile. Dafür muss man sich auf die Belange und Äußerungen des aktuellen Kommunikationspartners einlassen. Die gewonnenen Erkenntnisse gilt es folglich, an die nächste Instanz im lösungsorientierten Ansatz weiterzutragen.

Nehmen Sie sich daher im Arbeitsumfeld die „Take-Five“-Strategie zu Herzen. Sobald Sie über eine Reaktion erbost sind, nehmen Sie sich aus dieser Situation heraus. Atmen Sie abseits tief durch und denken Sie an beispielsweise eine Sportübung wie Kniebeugen. In diesem Moment verhindern Sie die impulsive Reaktion bei Ihrer Chefin, wenn diese meint, Ihre Aufgabe hätte auch bis nächste Woche Zeit gehabt, anstatt Sie zu loben.

Auch im Umgang mit Kunden erweist sich die emotionale Intelligenz als Segen für das eigene Gemüt. Wenn ein Kunde sich beschwert, werden Vorschläge und rationale Sichtweisen nichts bringen. Ein Ausredenlassen und das Bedachtbleiben ohne Wirkung möglicher Beschimpfungen auf das eigene Gemüt helfen hier Wunder und deeskalieren. Oder wenn einem auffällt, dass ein sonst aktiver Mitarbeiter ruhig bleibt, sollte die emotional gestärkte Person versuchen, die andere in ein Gespräch zu verwickeln und der Sache auf den Grund zu gehen.

7.2 Praktische Tipps für den Umgang mit unterschiedlichen Persönlichkeiten

Besserwisser, Nervensäge oder Choleriker – es gibt viele Charakteristika, die uns als schwierige Menschen begegnen. Die uns vertrauten Strategien scheinen bei den motzenden und jammernden Personen irgendwie nicht recht zu fruchten. Derweil stellt das Wort „schwierig" bereits die Lösung dar. Denn was unternehmen wir, wenn eine schwierige Aufgabe auf uns wartet? Wir widmen uns vertieft der Lösung. Ein emotional intelligenter Ansatz könnte hier für einfache Richtungsänderungen und so manches Verständnis für den permanenten Gefühlsausbruch sorgen. Für Ihr eigenes Gemüt helfen diese kleinen Tricks:

- Wahren Sie emotionale Distanz! (zu viel Verständnis kann auch schädlich sein)
- Nehmen Sie emotionale Reaktionen niemals persönlich!
- Versuchen Sie, den Weg des Mitgefühls zu gehen und das Gefühlschaos zu mildern!
- Achten Sie stets auf die Körpersprache! (sie sagt manchmal mehr als das Wort)
- Fragen Sie sich nach dem Zweck und sprechen Sie diesen an! (Hören Sie zu!)
- Sie müssen nicht klein beigeben, aber Sie müssen sich treu bleiben!
- Reflektieren Sie Ihre eigene Perspektive!
- Nehmen Sie das Gegenüber ernst! (Humor kann helfen, ein Witz hilft oft nicht!)

***Tipp:** Für die harten Kaliber wenden Sie die Spiegeltechnik an. Kommunizieren Sie genau im Stil des jeweiligen Gegenübers. Überspitzen Sie diese Methode nicht, es soll sanft vermittelt werden.*

Fast in allen Situationen gibt es Stellschrauben, mit denen man ändern kann, was zu ändern geht. Das bedeutet nicht, alles nach einem Wunsch hin zu verschieben. Doch kleine Schritte kitten oft große Abgründe. Und wenn einmal nichts mehr geht, dann setzen Sie Grenzen! Diese sollten Sie direkt und einfach formulieren.

Der Gegenpart muss wissen, was auf ihn zukommt. Der Rest ist seine Entscheidung. Wer schwierige Themen anspricht und dabei selbst noch positiv gestimmt ist, trägt eine sehr wirkungsvolle und helle Waffe gegen die negative Dunkelheit in sich. Und wie versuche ich, den unterschiedlichen Typen entgegenzutreten?

- Nörgler / Schwarzseher – Flucht aus der Negativspirale („Was wollen Sie konkret?")
- Besserwisser – Verhinderung innerer Eskalation („Danke für die Information! Darauf wollte ich jetzt zu sprechen kommen.")
- Choleriker – aus der Drucksituation lösen („Wir werden das Gespräch in einer Stunde fortführen.")
- Narzissten – Fehlerummantelung mit einem Kompliment („Ihnen ist sicherlich aus Versehen der Fehler unterlaufen. Das ist gut, da kommen wir zum Punkt!")

Eine Auseinandersetzung mit einer „schwierigen Person" wird meist durch bestimmte Anzeichen (Trigger) eingeleitet. Dies kann die Tonlage oder das körperliche Aufplustern sein. Ein emotional intelligenter Mensch antizipiert diese Veränderungen und spricht entweder ein sehr wichtiges Thema neu an oder verabschiedet sich im Vorfeld aus dem bevorstehenden Verbalsturm.

Tipp: *Eine besonders wirkungsvolle Methode ist in der Vermeidung jeglicher Interaktion zu sehen. Wer nicht auf sachlichem Niveau kommuniziert, hat nichts Produktives beizufügen. Und wer keine Plattform hat, überdenkt eher einmal seine Taktik. Besonders edel erweist es sich, wenn die Person einbezogen wird, solange sie sich sachlich verhält.*

Nach der Begrüßung in der großen Runde und der inhaltlichen Vorstellung der Zusammenkunft schafft die emotionale Öffnung des Vorstands oder des Abteilungsleiters erstes Vertrauen. Nehmen Sie thematische Entscheidungen unter die Lupe und erkundigen Sie sich, wer etwas auf den Seiten Pro und Kontra zu sagen hat. Tatsächlich zählt wirklich jeder Gedanke. Wenn nötig, bitten Sie schweigsame Mitarbeiter um eine Meinung, da schon das Sprichwort „Stille Wasser sind tief" Potenzial verrät.

Mit dem Einbeziehen individueller Gedanken und Gefühlswelten erreichen Sie eine bessere Selbstkontrolle und fördern die Gewissenhaftigkeit. Nur wer eine Bindung herstellt, kann die Vielfalt der Optionen kennenlernen. Emotionale Intelligenz fördert alle diese Eigenschaften. Vor allem die individuell spürbaren Impulse lassen sich in Produktivität und Leistungsbereitschaft umwandeln. Daraus folgt eine Langzeitmotivation, mit der Sie wiederum Erfolg nahezu provozieren.

Und zu guter Letzt: Sprechen Sie mit Ihrem Chef über eine anstrengende Situation unter Kollegen. Beide Parteien sollten die Sachlage erklären können. Dabei gilt es stets, konkrete Beispiele zu benennen. Es empfiehlt sich, dass ein emotional intelligenter Mitarbeiter als Vermittler fungiert und danach die Aufgabe der Konsultation beim Chef übernimmt.

7.3 Strategien für beruflichen Erfolg und Karriereentwicklung

Arbeitgebern liegt in Bezug auf ihre Arbeitnehmer seit einigen Jahren mehr an einer gesamtheitlichen Harmonie anstatt nur der fachlichen Kompetenz. Neben der Expertise in Sachen Know-how wird vor allem Wert auf eine hervorragende Kundenbetreuung gelegt. Der Umgang mit den Auftraggebern und das Verständnis von Stammkunden stehen somit seit einiger Zeit hoch im Kurs. Eine ausgebildete emotionale Intelligenz ermöglicht eine effektive Ausrichtung an Kundenwünschen und schenkt dem gesamten Betrieb eine dynamische Aktivität auf dem Absatzmarkt. Zudem besteht die Notwendigkeit einer Vernetzung zum Ausbau des Portfolios und der Referenzaufträge. In diesen Fällen steht oft der Kontakt zwischen Personen aus unterschiedlichen Bereichen an. Jetzt erweist es sich als besonders zielfokussiert, wenn der Kontakt reibungslos und verständnisvoll erfolgt. Aber auch in der Funktion als Führungskraft wird immer mehr Wert auf den EQ gelegt. Nur wer seine Teammitglieder optimal leitet, mögliche individuelle Hindernisse erkennt und eine langfristige Motivation hochhalten kann, schafft es zu erfolgreichen Projektabschlüssen – und sicher auch nach oben auf der Karriereleiter.

Man sagt, Erfolg sei kein Zufall. Und aus diesem Grund lässt sich die Karriere neben harter Arbeit, Ausdauer und Lernbereitschaft auch bewusst durch Eigeninitiative steuern. Wer nun zusätzlich ein wenig emotionale Intelligenz an den Tag legt, wird auch die Verantwortlichkeit für eine Abteilung oder noch mehr unter sich meistern. Doch was hilft da genau beim Aufstieg auf der Karriereleiter?

- **1. Selbsteinschätzung:** Die Selbstbewertung stellt einen entscheidenden Faktor auf dem Erfolgsweg dar. Nur wer ehrlich an sich arbeitet und sich selbst hinterfragt, befördert Potenzial an die Oberfläche. Der Fokus liegt einerseits in der Analyse von Stärken wie Schwächen, andererseits richtet sich der Blick ebenso auf die eigentliche Motivation. Nur wer leidenschaftlich und mit Elan ans Werk geht, wird Probleme bewältigen und Konflikte lösen (auch mit Kollegen).

- **2. Lernmöglichkeiten:** Routinen werden Sie leicht abstumpfen lassen. Die Erweiterung eines Wissensstands zur Entwicklung der eigenen Kompetenzen bedarf auch eines Verständnisses für ein bisher unbekanntes Terrain und die damit einhergehenden Kompetenzen. Wer im Job aufsteigen möchte, muss über kurz oder lang auch die Verantwortlichkeit für ein Team, Kooperationspartner sowie Sponsoren oder Kunden lernen. Schulungen erweitern nicht nur den fachlichen Horizont, sondern dienen ebenso der Orientierung im ungewohnten Umfeld. Der schnelle Wandel verlangt zudem immer wieder eine neue Perspektive.

- **3. Neugestaltung:** Eine Folge des technischen und informativen Wandels erkennen Sie in konsequenten Variablen. Aspekte neu zu betrachten und den Alltag in kleinen Schritten neu zu identifizieren, gehört zur Wandelbarkeit, Flexibilität und zum Erfolgsgeschäft. Diese Intention zielt selbstredend insbesondere auf Effektivität und Effizienz ab. Die Forschung auf diesem Gebiet unterstützt nicht nur die Reflexion. Sie schenkt die Übernahme leistungsstarker Methoden aus anderen Bereichen auf Ihr Gebiet.

* **4. Bereicherung:** Das persönliche Wohlgefühl am Arbeitsplatz ist entscheidend für den Erfolg. Dabei betrachten Sie aus rationaler Sicht physische Aspekte wie die Mitmenschen oder die zur Verfügung stehenden Mittel bei der Arbeit. Danach bewerten Sie diese mit emotionalen Assoziationen. Stellen Sie sich die Frage, was die Arbeitsatmosphäre verbessert oder verschlechtert. Gerade für eine erfolgreiche Kommunikation und ein Teamgefüge liegt die Herausforderung der Bereicherung in Solidarität und Verbundenheit. Denn daraus erwächst für jeden Mitarbeiter Motivation.

* **5. Kontaktnetzwerk:** Die Knüpfung neuer Kontakte und die Pflege der relevanten Knotenpunkte stellen permanente Aufgaben in Ihrem Joballtag dar. Hierbei handelt es sich um Kooperationspartner, aber auch um einen Kundenstamm. Im Prinzip existiert in den meisten Branchen eine Art Zeitarbeitsmodell. Sie müssen sich unentbehrlich machen. Stärken Sie Ihre Position durch Wissenserweiterung und Aufgeschlossenheit in neue Themen. Dank eines ehrlichen Vertrauens in Sie wird Ihre Chefin Sie sicher auch wertschätzen. Die Verbindung zu bestehenden Kontakten könnte Ihnen jederzeit einen top Job verschaffen.

Eine langfristig angelegte Karrierestrategie ermöglicht Ihnen das Festsetzen Ihrer Prioritäten im Leben. Je früher Sie sich um Ihre Karriere kümmern, desto sicherer werden Sie die einzelnen Etappen einhalten. Neben der Planung selbst spielt die Investition in Zeit eine große Rolle. Karriere winkt nicht von heute auf morgen. Sie wird von Mühe und ebendieser Zeit charakterisiert sein – wenn Sie langfristig und konsequent Erfolg im Berufsumfeld ermöglichen wollen. Kümmern Sie sich daher fokussiert um jede Option. Das fängt bereits mit dem individuellen, auf eine Stelle zugeschnittenen Lebenslauf an und endet in der Analyse, welche Stärken Sie ausspielen können. Dazu bedarf es erneut der ausgeprägten Selbstwahrnehmung. Auf diesem Weg werden Sie frühzeitig viele praktische Erfahrungen sammeln. Denn Praxis bestimmt Erfolg! Hard Skills lassen sich vergleichsweise einfach lernen, Soft Skills funktionieren über Erfahrungswerte und rücken immer weiter in den Vordergrund. Üben Sie daher einige Trainees, Praktika und Zusatzjobs in den Anfangsjahren aus, um notwendiges Know-how im Ablauf und der Arbeitsroutine zu erlangen. Formulieren Sie einen Karriereplan!

- **1. Ein Karriereziel festlegen (Position und Aufgabe)**

Die Ziele selbst sollten bestimmte Eigenschaften innehaben. Daher empfiehlt sich die SMART-Methode. Nur wenn Ziele definiert werden können, lassen Sie sich realisieren.

- Spezifisch (exakte Formulierung)
- Messbar (Parameter für Erfolg / Misserfolg)
- Attraktiv (Motivation auf Zeit)
- Realistisch (konkrete Fortschritte erfüllbar)
- Terminiert (Vergessen Sie nicht die Zeitplanung!)

- **2. Die 2-Schritte-Planung verfolgen (Kopplung von zwei Etappen aneinander)**

Ein roter Faden zieht sich durch das Berufsleben. Was als Praktikant über den Festangestellten hin zum Abteilungsleiter am Anfang der Karriere leicht wirkt, erweist sich im Verlauf als deutlich schwieriger. Sie sollten in der Folge daher zwei Bedingungen aneinander koppeln, um einen Plan zu verfolgen (Bewerbung und Position, Aufstieg und Projektverantwortlichkeiten etc.).

3. Dimension bestimmen (vertikal zur Führungsposition, horizontal zum Experten)

Zur Beschreibung der Dimension gehört ebenso die Größe einer Aufgabe. Große Verantwortung sorgt manchmal für Abschreckung oder Starre. Eine neue Herausforderung kann durchaus blockieren. Die Methode „Slice the Elephant" dient der Portionierung in kleinere Etappen und führt Sie horizontal oder vertikal hin zu Ihrem Ziel.

Nur drei Punkte auf dem Weg zur großen Karriere? Die Verbindung dieser wenigen Aspekte zueinander entscheidet über einen roten Faden im Berufsleben.

Und dieser sollte auf Sie abgestimmt sein. Wer falsch plant oder die omnipräsente Traumkarriere annimmt, die nicht zu einem passt, wird weniger Erfolg haben. Die Analyse über realistische oder unrealistische Ziele und die Reflexion Ihres Weges entscheiden über die Umsetzung.

Tipp: *Kopfstand-Methode – Nehmen Sie Blatt und Stift und schreiben Sie alle Faktoren auf, die Sie an Ihrem Ziel hindern könnten. Drehen Sie das Blatt um 180 Grad und notieren Sie nun sämtliche Aspekte, wie Sie Ihr Ziel erreichen. Sie werden sehen, Sie finden mehr Antworten auf die Fragen und erkennen neue Wege. Sie eliminieren die Störfaktoren.*

Legen Sie für Ihre Ziele die sogenannte Eisenhower-Matrix an, erkennen Sie schnell die Prioritätenliste. Sie beantworten die Fragen, wie wichtig und wie dringlich einzelne Schritte sind:

1. wichtig + dringlich
2. (eher) unwichtig + dringlich
3. wichtig + (eher) undringlich
4. (eher) unwichtig + (eher) undringlich

Tipp: *Pomodoro-Technik – Große Ziele lähmen die Motivation oft. Arbeiten Sie daher zweimal 25 Minuten an einer Sache und schieben Sie 5 Minuten Pause mit Bewegung ein. Nach dreimaliger Wiederholung wartet eine längere Auszeit von bis zu 30 Minuten. Es stärkt den Fokus!*

Und eines noch: Fangen Sie einfach an!

7.4 Entwicklung von Fähigkeiten zur Förderung des beruflichen Aufstiegs

Ohne Fortbildungen geht es in Bezug auf den Karrieresprung nicht. Diese lassen sich einerseits in Qualifikationen messen – Abschlüsse öffnen Ihnen die Türen.

Andererseits veranschlagen Referenzen große Vorteile bei der nächsten Bewerberauswahl. Daher öffnet Ihnen die Teilnahme an speziellen Projekten – intern wie extern – die Türen im Jobumfeld. In der Regel sind die Verantwortlichkeiten hierbei nicht nur in der Erfüllung von messbaren Ergebnissen zu betrachten (auch wenn diese wichtig für die fachliche Beurteilung sind). Ein Arbeitsprojekt oder ein Ressort beschäftigt sich stets mit komplexen Strukturen, die durchschaut werden müssen. Im Grunde zählen nun Ihre praktischen Erfahrungen im Arbeitsablauf. Das enthält ebenso die Arbeit in einer Gruppe, die Organisation mehrerer Meilensteine parallel und beispielsweise auch die Setzung von Prioritäten.

Berufliches Wachstum darf daher gern auch als Eigeninitiative verstanden werden. Erweitern Sie Ihren eigenen Horizont und lernen Sie von neuen Entwicklungen und Trends. Eine Übernahme von neuen Aufgaben geht oft auch mit einer Beförderung einher. Vielerorts schreiben Unternehmen Kurse zur Weiterbildung und der Entwicklung Ihrer Mitarbeiter aus. Natürlich ist dies mit einem Zeitaufwand verbunden – vielleicht sogar neben Ihres eigentlichen Berufs –, die Maßnahme erweitert jedoch Ihre Kompetenzen. Intern stehen fünf gängige Wege offen:

- Anführer
- Ausbilder
- Influencer
- Kollaborateur (geschätztes Teammitglied)
- Manager

Empathie ist im Stande, die Produktivität und Leistungsbereitschaft aufgrund der richtigen Motivation zu erhöhen. Um produktiv zu sein, bedarf es jedoch einiger grundlegender Punkte für den Chef und Abteilungsleiter:

- regelmäßige Auszeiten dienen der Regeneration (Dienstplanung, Ankündigungen)
- Verbesserung des Arbeitsumfeldes durch regelmäßige Besprechungen (im Team oder einzeln)
- fokussierte Information über Planung, Projektabschnitte und Etappenziele
- Eingehen auf individuelle Vita der Beschäftigten

- Kommunikation im Kollektiv verbessern durch Einbindung aller
- Teambildung forcieren
- zeitnahe Lösung von Konflikten (Brennpunkte vom Mitarbeiter aufnehmen)

Wer die Kommunikation im Unternehmen verbessert, belohnt sich mit allerhand Vorteilen. Verständnis wird schließlich nur durch ehrliche und direkte Kommunikation geschaffen. Zusätzlich schafft die geeignete Motivation Pluspunkte:

- bessere Zusammenarbeit im Kollektiv
- Steigerung der Mitarbeiterzufriedenheit
- Optimierung des Arbeitsklimas
- Förderung der Bindung an das Unternehmen
- Verbesserung der Kundenbeziehungen
- Produktivitätssteigerung

Einfache Mittel verbessern die Kommunikation und beziehen den Mitarbeiter in die Projekte ein:

- Personalisieren Sie Ihre Kommunikation!
- Organisieren Sie Ihre Kommunikationsrituale!
- Bereiten Sie den Weg zu einer interaktiven
- Kommunikation vor (stets Dialog)!
- Planen Sie alles mit übersichtlichen Zeitfenstern
- (Planungssicherheit)!
- Kommunizieren Sie kurzweilig, direkt und einfach! Beziehen Sie alle Mitarbeiter in Ihre Prozesse ein!

Die Verwendung einer App für die Mitarbeiterkommunikation sowie die kommunikationsfreundliche Basiskultur im Betrieb fördern das Miteinander. Zu Letzterem trägt das simple Mittel eines gut ausgestatteten Aufenthaltsraums bei. Wer zudem regelmäßig um Feedback bittet und bei angesprochenen Aspekten am Ball bleibt, erweckt Vertrauen und schafft eine gute Basis für eine produktive Zusammenarbeit.

***Tipp:** Unterschätzen Sie nicht die Macht des 1-on-1-Meetings. Nehmen Sie sich Zeit für jeden Ihrer Angestellten!*

Und wer sich respektiert fühlt, leistet seinen Beitrag zu folgenden Vorzügen:

- konstruktives Feedback (keine Beleidigungen)
- Hinterfragen von Situationen / Verhalten (nicht Personen)
- Unterstützung in der Kollegschaft sorgt für Stressabbau
- Ruhe und Produktivität unter Druck
- lösungsorientiertes Handeln

Je nach Eignung und Wahl stechen Sie bald mit Expertenwissen als Sachverständiger heraus oder dominieren als der Teamplayer, dem alle folgen – oder auch mehrere zusammen. Entscheiden Sie sich je nach Fähigkeiten für ein Modell auf dem Weg nach oben. Diese Entscheidung wird durch Ihre EQ mitbestimmt. Dann ergeben sich für Sie folgende Karrieremodelle:

- Steady-State-Experte (Sachverständiger in einem Segment mit kontinuierlicher Entwicklung)
- spiralförmige Karriere mit Auf- und Abwärtsschritten
- T-Förmige Karriere mit einem Bereich fundierter Kenntnisse und einer Breite an Zusatzwissen
- transitorische Karriere mit Blick auf Gehalt, Ziele und Belohnungen für einen gewissen Zeitraum

Unternehmen selbst bieten einige Optionen zur Weiterbildung:

- Mentorenprogramme
- Kontakt zum People-Team (Ansprechpartner anderer
- Kompetenzen)
- Workshops
- Mikro-Lerneinheiten
- Onlineseminare

Auf unterschiedlichen Wegen werden Sie somit auch ein paar Soft Skills trainieren. Im Austausch werden Sie mit Sicherheit auch den Grad der emotionalen Intelligenz erhöhen. Sie profitieren in folgenden Kompetenzen:

- Konzentration anstatt Multitasking
- Kundenmanagement
- Teamfähigkeit
- Kreativität / Innovationsfähigkeit
- Sozialkompetenz
- unternehmerisches Denken / Handeln
- Kommunikationsfähigkeit
- Leistungsbereitschaft / Motivation
- analytisches Denken
- Kooperationsfähigkeit
- strukturierendes Denken
- konzeptionelle Fähigkeiten
- Offenheit
- Belastbarkeit
- Konfliktlösungsfähigkeit
- Lernbereitschaft
- Kritikfähigkeit

Sie bauen somit Stärken aus, die nicht auf irgendeinem Papier stehen und die Arbeit im Kollektiv wie auch allein vereinfachen.

Emotionale Intelligenz im Alltag

Emotionale Intelligenz stärkt Sie im täglichen Ablauf der Geschehnisse zuhause mit den Familienangehörigen, den Arbeitskollegen und fremden Menschen auf der Straße. Sie meistern Konflikte auf konstruktive Art und schenken dank aufmerksamen Zuhörens eine grundlegende Akzeptanz hinsichtlich Ihrer Mitmenschen. Tatsächlich beeinflusst diese Fähigkeit unsere Kommunikation und das Handeln im Alltag sehr stark. Wer in der Kassenschlange nörgelt, weil eine Dame an der Kasse mit dem exakten Betrag anstatt eines 50-Euro-Scheins das Gemüse für 4,53 Euro bezahlen möchte, darf gern seine Sozialkompetenz weiter trainieren. Der sich prompt umdrehende Mensch in der Einkaufsmagistrale und die nach einem Sitzplatz in der Bahn suchende Oma stellen kleine Prüfungen im Umgang mit den Mitmenschen dar. Und wären Sie nicht auch froh, wenn Ihr Nachbar Ihr Paket annimmt und Ihnen einen Umweg erspart? Das zumindest versuchte Verständnis für die Alltagssituationen und deren beteiligte Personen gestaltet viele Ereignisse weniger kompliziert und nervenaufreibend – dabei hilft eine kleine Fähigkeit: sich in die anderen Menschen hineinzuversetzen!

8.1 Praktische Beispiele für den Einsatz von emotionaler Intelligenz in Beziehungen

Der Alltag ist aber auch deutlich intimer gekennzeichnet. Beispielsweise stehen uns Familien und die eigenen Lebenspartner häufiger zum Austausch parat. Speziell in Beziehungen entscheidet sich der langfristige Erfolg im Grad der emotionalen Intelligenz und insbesondere der Empathie. Anziehungskraft und die sexuelle Komponente sind wichtig, doch erst das Ankuscheln nach einem stressigen Tag lässt eine emotionale Bindung entstehen.

Der Erfolg beziehungsweise das Scheitern und die Reaktion des Partners darauf bestimmen somit eine erfolgreiche Beziehung. Eine Komponente sticht hierbei bedeutsam hervor: die Kommunikation.

Wer sich dem Partner mitteilt, möchte erhört werden. Die Person muss sich dafür aber auch entsprechend öffnen, damit der andere ein Verständnis ansetzen kann. Natürlich bildet Vertrauen die Grundlage für das Miteinander. Aber der Kommunikationsstil muss einfach passen. Dabei spielt es keine Rolle, ob lange Geschichten oder kurze Sätze eine Situation umreißen. Es geht darum, die eigenen Gefühle auf den Punkt zu bringen – und dies regelt jede Person auf eine individuelle Weise. Der unbedingte Wille zur Aufnahme der Emotionen einer anderen Person liegt jedoch in der Kenntnis der eigenen Gefühle.

Wer sich in das Gegenüber hineinversetzen kann, weiß genau, was zu tun ist. Schließlich wissen wir am besten, bei welchen Gefühlen wir welches Bedürfnis verspüren. Und so werden die Bedürfnisse oftmals übereinstimmen oder ähnlich sein – jetzt kommt eine Reaktion ohne vorherige Nachfrage. Und das macht die Partnerschaft so magisch. In anderen Fällen kennt man den Partner so gut, dass man genau weiß, was er nicht möchte. Die emotionale Intelligenz verhindert daher auch Konflikte, bevor sie entstehen. Das Verständnis füreinander fördert daher wichtige Faktoren:

- Kompromissbereitschaft
- Aufmerksamkeit
- Kommunikation
- gegenseitige Unterstützung
- positive Beeinflussung

Wenn der Mann vor dem morgigen Bewerbungsgespräch etwas nervös ist, baut die Frau ihn wieder auf. Dafür muss sie wissen, wovor es dem Partner graut, und sie muss auch seine Stärken kennen. Im Prinzip wird sie die positiven Aspekte seiner Charakteristik aufzeigen – dafür muss man sein Gegenüber schon sehr gut kennen, um seinen negativen Strudel zu unterbrechen und ihn zu überzeugen. Das funktioniert nicht mit Fakten, sondern mit Einfühlungsvermögen und der bewussten Auseinandersetzung mit den eigenen und den fremden Gefühlen.

Intakte Beziehungen funktionieren aufgrund der positiven Einflüsse. Daher sollten Sie Folgendes lernen:

- Wie teile ich meine Bedürfnisse mit?
- Welche kleinen Aufmerksamkeiten binde ich in den Alltag ein?
- Welche Rituale dienen der Stärkung dieser Beziehung?
- Auf welchem Weg möchte ich meine Emotionen zeigen?
- Wie sieht unser regelmäßiger Austausch aus?

Es ist erwiesen: Wer sich Zeit füreinander nimmt, unterhält eine festere und vertrauensvollere Beziehung zueinander. Nur mit einem steten Interesse am anderen wird diese Beziehung gepflegt. Und nur aufgrund des konsequenten Zusammenseins und Austauschs erhalten beide den neuesten Stand der Dinge in einer sich schnell wandelnden Welt voller Einflussfaktoren und Störungen. Das ständige Dilemma zwischen Bindung und Rückzug wird auf diesem Weg weniger belastend ausarten. Zudem erweckt es die Mitteilsamkeit, bevor etwas zu tief verankert schmort und erschütternd ausbricht.

Aber was tun, wenn es kracht? Kleine Kommunikationstipps helfen da:

- ABC-Formel – Sie geht zurück auf den Psychologen Haim Ginnot. Mögliche Beschwerden sollen so angebracht werden: „Als du A getan hast, habe ich mich B gefühlt und hätte mir gewünscht, du hättest C getan.“

- Spiegeln – Die Vorwürfe des einen werden mit den eigenen Worten des anderen wiederholt. Oft erkennen die Beteiligten, dass Missverständnisse die häufigste Ursache für Reibereien sind.

8.2 Alltagsübungen zur Förderung von emotionaler Intelligenz

Wie bereits erwähnt, lässt sich emotionale Intelligenz trainieren. Je eher diese Fähigkeiten herausgefordert werden, desto erfolgreicher wird sich der gefestigte Charakter hinsichtlich Empathie und Einfühlungsvermögen präsentieren. Daher sollten Eltern großen Wert auf die gefühlsbetonte Auseinandersetzung mit den Kindern und Geschwistern legen. Für den Alltag empfehlen sich diese Übungen:

1. Erlebte Situationen am Ende des Tages besprechen und eigene Gefühle mitteilen
2. Im Zusammenspiel mit den Familienmitgliedern die Gefühle der anderen besprechen
3. Alltägliche Gesichtsausdrücke im Arbeits- / Freundeskreis deuten und ansprechen
4. Detailtiefe bei der Beschreibung der Gefühle erzielen (verstimmt, besorgt, frustriert)
5. Rollenspiele mit Deutung, Belegung der Deutung und Richtigstellung durch das Gegenüber

Tatsächlich steckt in der Besprechung einer Situation mit allen Beteiligten die beste Basis für ein Verständnis der unterschiedlichen Gefühlsregungen. Je mehr Erfahrung Sie sich aneignen, desto vielseitiger können die Emotionen samt richtiger Deutung ausfallen. Für ein besseres Verständnis helfen nun diese Methoden:

- Niederschreiben der eigenen Gefühle in bestimmten Situationen
- bewusste Beobachtungen im Bekanntenkreis, später der Öffentlichkeit
- Meditation zur Erkenntnis des großen Ganzen in jedem Sachverhalt

Deuten Sie die Reaktion richtig, wenn jemand nie zu Ende sprechen darf und stets unterbrochen wird? Wie würden Sie sich fühlen? Für die komplexen und herausfordernden Fälle stehen Coachings und Seminare zur Verfügung. Vor allem zu den Themen Führung und Teamarbeit bieten viele Firmen Lehrgänge an.

Tipp: *Schalten Sie auch einmal einen Gang zurück und analysieren Sie nicht jede aufkommende Emotion. Ansonsten besteht das Risiko, die Dynamik und Kraft der einzelnen Gefühle zu verlieren.*

Ihre emotionale Regulierung sollte dabei ähnlich dem Modell einer Waage funktionieren. Gehen Sie niemals in die Extreme, sondern halten Sie ein gesundes Mittelmaß. Der Vorteil dieser Veranschaulichung verhindert Manipulation und Verzerrung der Realität.

8.3 Stressbewältigung und Förderung des persönlichen Wohlbefindens

Vorprogrammiert oder doch spontan – im Alltag entstehen Stresssituationen immer wieder auf unterschiedlichen Ebenen. Um sich selbst das Wohlbefinden zu sichern und dem Stress zu entfliehen, gelten diese Maßnahmen als Tipps:

1. Setzen Sie Grenzen! (Halten Sie diese auch ein!)
2. Nutzen Sie Entspannungsübungen!
3. Powern Sie sich einfach einmal komplett aus! (Sport hilft Wunder)
4. Legen Sie eine gesunde und leckere Mahlzeit ein!
5. Nehmen Sie sich stets ausreichend Pausen / Auszeiten!
6. Schlafen Sie gesund und entsprechend ausgiebig!
7. Lenken Sie sich ab! (Filmabend, Dinnerparty etc.)
8. Gehen Sie an der frischen Luft spazieren!

Und der in jeder Lage anwendbare Trick zum Abbau von Stress ist und bleibt tiefes Durchatmen.

Stress wird durch ganz verschiedene Ursachen begünstigt. Zum einen reichen bereits manche Umweltfaktoren wie Hitze oder schlechte Luft. Sportliche Defizite oder miese schulische Leistungen im Verhältnis zum Ehrgeiz werden vielen jungen Menschen zusetzen.

Aber auch die Verantwortung in der Familie oder am Arbeitsplatz sowie ein bevorstehendes großes Ereignis inklusive großer Rede fördert immer mehr das körperliche Unbehagen zutage. Aus diesem Grund gilt es erst einmal, ein paar Fragen zu beantworten:

1. Wie macht sich Stress bei mir bemerkbar?
2. Erkenne ich die aktuelle Ursache und sehe ich einen Weg der Abschaltung?
3. Handelt es sich um veränderliche Problematiken oder fixe Aspekte?

Allein nach der Beantwortung dieser Fragen bieten sich mitunter schon einfache Lösungsansätze an. Wer frühmorgens in Zeitnot gerät, sollte eher aufstehen. Ein voller Terminplan wird mittels Aufgabendelegation schnell leerer – suchen Sie sich für einige Stressoren ganz simpel Unterstützung! Vor allem liegt viel Potenzial in der exakten Benennung der Reize.

***Tipp:** Die grundlegende Resilienz wird bereits im Kindesalter durch die Vermittlung von positiven Gedanken und Optimismus gelegt.*

Mit der Zeit lernen Sie sich besser kennen. Es sollte Ihnen demzufolge leichter fallen, auf bestimmte Situationen optimal oder zumindest mindernd zu reagieren:

- Selbstbeobachtung vermittelt Erkenntnisse
- Planung konkreter Schritte bei regelmäßigen Auslösern
- Umsetzung der Schritte
- Bilanz der Maßnahme

8.4 Strategien zur Stressreduktion durch emotionale Intelligenz

Generell hält Stress den Körper in einer Alarmbereitschaft. Für gewöhnlich spielt eine gewisse Aufgeregtheit bei einem Vortrag eine positive Rolle – sie lenkt Ihre Gedanken auf den roten Faden.

Doch wenn die Stressoren in einer ungesund hohen Dosis Dominanz ausüben, wirken sie sich auf diverse körperliche Prozesse und den Stoffwechsel aus. In der Folge machen Sie diese Rahmenbedingungen in absehbarer Zeit krank. Gerade im Umfeld von Mitmenschen stellt die gemeinsame Kommunikation manchen Stressimpuls. Beantworten Sie doch bitte einmal ehrlich diese Fragen:

- Wie gut gehen Sie mit Kritik um?
- Kommen Sie leicht ins Grübeln?
- Behaupten Sie sich in einer Debatte mit gegenteiligen Argumenten?
- Welche Emotion taucht bei Ihnen am häufigsten auf?

Wenn Sie Stresssituationen so belassen, werden Sie eine negative Spirale aufziehen. Schauen Sie stattdessen auf die eigentliche Erwartung in der jeweiligen Lage und erkennen Sie, welche Aktion welche Emotion ausübt. Wenn Sie die entsprechenden Körpersignale wahrnehmen, nutzen Sie den Perspektivwechsel und die Einhaltung Ihrer Werte. Wurde einer dieser Werte verletzt, reagieren Sie höchstwahrscheinlich mit Ärger oder situationsbedingt doch einer anderen Emotion. Jetzt hilft die Existenz eines Handlungsspielraums:

- bewusste Steuerung der Gedanken (positive Emotionen)
- tägliche Zeit zur Selbstreflexion
- Schaffen eines emotionalen Gleichgewichts mittels regelmäßigem Sport
- Stress als Herausforderung (aus der Opferrolle ausbrechen)
- Nutzen Ihres Organisationstalents und Zeitmanagements

Tipp: *Planen Sie Erholungszeiten ein!*

8.5 Selbstpflegepraktiken für ein ausgewogenes Leben

Erholung, Ablenkung und das Ausbrechen aus der stressigen Routine – das alles gehört im großen Ganzen zur Selbstpflege. Üben Sie Achtsamkeit gegenüber sich und den Mitmenschen. Dabei gleiten Sie deutlich reibungsloser und entspannter durch den Alltag. Berücksichtigen Sie folgende Aspekte:

* **1. Emotionales / Geistiges Wohlbefinden:** Selbstmitgefühl und die Achtsamkeit sind die Säulen eines gesunden Geistes. Auszeiten und Belohnungen warten bereits – nicht nur als Motivation. In einfachen Fällen hilft die konsequente 5-Minuten-Meditation, in argen eine Beratung oder Therapie.

* **2. Körperliche Gesundheit:** Nur in einem fitten Körper wacht ein heller Geist. Körperliche Gesundheit wird mit Auszeiten unter freiem Himmel, Naturausflügen sowie Entspannungsübungen erzielt. Gleiche Haltungen, mindestens fünf Tage die Woche das ganze Jahr über, lassen die Gelenke einrosten und die Körperhaltung abgleiten. Sportliche Interessen schenken hierfür einen Ausgleich und stellen gleichzeitig einen pushenden Faktor für die eigene Aktivität und Leichtigkeit.

* **3. Soziale Unterstützung:** Hilfe darf auf verschiedenen Wegen genutzt werden, ob im Haushalt durch den Lebenspartner oder im Beruf mittels Kollegen. Der Kontakt zu anderen Menschen erlaubt ebenso den Aufbau eines Unterstützungsnetzwerkes in verschiedenen Umfeldern.

* **4. Grenzen:** Sie spüren Hürden am besten. Vor allem körperlich betrachtet werden Schlafmangel oder Muskelkrämpfe bei viel Stress zunehmen. Mit körperlichen Einschränkungen sinken in der Regel auch die Motivation und der Elan. Dies wirkt sich wiederum auf die Leistung aus und schürt neuen Stress. Daher ist das Wissen um Grenzen entscheidend. Diese müssen Sie zu Ihrem Wohl durchsetzen.

Wer die Beine einmal hochlegt und die Bauchatmung praktiziert, wird eine rasche Entspannung spüren. Das Zusammenspiel dieser

Punkte schenkt Ihnen mehr Energie und richtig viel Power zum Erreichen all Ihrer Ziele:

- Fitness
- gesunde Ernährung
- Körperpflege
- gesunde Beziehungen
- Aktivismus

Denken Sie bitte daran, dass Selbstpflege eine tägliche Aufgabe ist, unterschiedlich auf die persönlichen Feinheiten abgestimmt sein muss und alles andere als egoistisch ist. Darum kümmern Sie sich auch gern um eine regelmäßige Auszeit von allen anderen – nur mit sich selbst, das erledigen, was man erledigen möchte und nicht muss.

Wenn nötig, suchen Sie sich professionelle Hilfe eines Experten.

8.6 Entwicklung emotionaler Intelligenz

Konfliktmanagement stellt das A und O der Entwicklung von emotionaler Intelligenz dar. Verschiedene Perspektiven zu unterschiedlichen Aspekten schenken das Potpourri der gefühlsbetonten Kommunikation. Und in jeder verbalen Auseinandersetzung steckt stets ein Erfahrungspunkt. Vor allem steckt auch Potenzial zur Verbesserung darin, wer demzufolge den Konflikt als Chance statt als Hürde sieht, wird ihn deutlich ressourcenschonender meistern. In diesem Hinblick lohnt auch der Fokus auf die eigene Kritikfähigkeit. Inwieweit ist sie berechtigt, wie persönlich wird sie vorgetragen und was können Sie daraus schlussfolgern? Auch hierfür bedarf es über kurz oder lang einer Beschäftigung mit unterschiedlichsten Menschen. Verfolgen Sie daher diese Maßnahmen:

- eigene Gedanken reflektieren
- Umgang mit eigenen Emotionen trainieren
- Perspektivwechsel schafft Empathie
- Intensivierung der individuellen
- Kommunikationsfrequenz
- Weiterbildung auf breitem oder speziellem Gebiet

Ein weiterer Schritt Richtung EQ-Entwicklung zeigt sich in der Akzeptanz anderer Sichtweisen und Meinungen ohne eine Wertung von „besser“ oder „schlechter“. Je eher Sie erkennen, dass alle Menschen verschieden sind, desto einfacher werden Sie andere Standpunkte erkennen und verstehen. Zusätzlich hilft die Schlagwortkombination „Zuhören & Nachfragen“. Seien Sie sich gewiss, dass Sie gar nicht alles verstehen können. Die suggestive Interpretation jedoch kann schnell in die falsche Richtung ausschlagen. Demzufolge spielt Sicherheit beim Verständnis des Gegenübers eine große Rolle.

- Nehmen Sie sich Zeit für Empathie! (Der Mensch ist ein soziales Wesen)
- Führen Sie „emotionale Hygiene“ durch! (Lösen von negativer Belastung)
- Wagen Sie den Dialog mit den Mitmenschen!
- Bedenken Sie stets bewusst Ihre Wortwahl! („Emotionale Korrektheit“)

Hindernisse überwinden 9

Das Leben wird durch Trubel und allerhand Einflussfaktoren abwechslungsreich, aber eben auch stressig gehalten. In verschiedenen Szenarien werden Ihnen Hürden und manchmal Widersacher entgegentreten, doch diese Hindernisse dürfen Ihren Ehrgeiz und der individuellen Intention nicht lange im Weg stehen. Nutzen Sie daher das Potenzial der emotionalen Intelligenz, um unwegsame Lebenspfade zu meistern und ebenso belastende Gegenpole zu Ihren Plänen zu reduzieren. Dies schließt des Weiteren ein, sich gegen mögliche Widersacher und anstrengende Mitmenschen zu wehren. Stärken Sie Ihr Selbstvertrauen und Ihr Verantwortungsgefühl – und erlangen Sie ein besseres Selbstwertgefühl.

9.1 Identifikation von Barrieren für emotionale Intelligenz

Das Management der Emotionen ist extrem hilfreich, wenn eine Drucksituation aufgebaut wird. Während die emotionale Intelligenz bei positiven Gefühlen etwas Gutes stärkt beziehungsweise festigt, reduziert der Stressabbau dagegen negative Emotionen. Die Form des Selbstmanagements wird neben dem Potenzial aber auch von einigen Herausforderungen begleitet. Denn emotionale Intelligenz stößt manchmal auch auf einige Hindernisse:

* **Wahrnehmungsbarrieren** (verzerrter Blick, es fehlt an objektiver Betrachtung)
  Die Lösung: 360-Grad-Feedback von allen Betrachtungsoptionen und allen beteiligten Personen

* **kulturelle Barrieren** (verschiedene ländertypische Normen wie Befehlskette oder Ehrerbietung beziehungsweise Unternehmensphilosophien)
  Die Lösung: Recherche

* **emotionale Barrieren** (Ängste und Stolz hindern Offenheit und Transparenz)
  Die Lösung: vertrauensbildende Maßnahmen

* **Bias-Barrieren** (Kippen der eigenen Erwartung schafft Leere und Unverständnis)
  Die Lösung: Vorurteile abbauen durch Kontakt

Unterschiedliche Sprachen, verschiedene (kulturelle) Traditionen sowie abweichende Erfahrungen können Ursachen für Barrieren darstellen. Haben Sie sich schon einmal gefragt, warum Sie Ihre Kollegin kennen, aber sie nicht verstehen? Das mag unter anderem an einem dieser Faktoren liegen:

- emotionale Be-/Überlastung
- fehlendes Fachwissen
- individuelle Erfahrung
- Kontaktmangel
- klaffende Interessenfelder
- persönlicher Charakter
- verschiedene Generationszugehörigkeit
- Verständnismangel
- Vorurteile

9.2 Bewältigungsstrategien und praktische Lösungsansätze

Um Hindernisse zu meistern und Blockaden zu umgehen, offenbart Aufmerksamkeit stets eines der größten Potenziale. Dafür muss aber auch ehrliches Interesse existieren. Wer sich fragt, weshalb eine Person sich in einer bestimmten Art und Weise gibt, sollte es wirklich ergründen und Abhilfe für einen möglichen Konflikt schaffen wollen. Des Weiteren unterstützen folgende Lösungsansätze den Hindernisabbau:

- Stellen Sie Fragen!
- Denken Sie über das Gesagte des Gegenübers nach (Reflexion öffnet die Pforten zum Verständnis)!
- Vermeiden Sie Vorurteile!
- Fällen Sie Bewertungen erst nach dem Gespräch!

Im Alltag ergeben sich einige Augenblicke, in denen man sich im Zuhören üben darf – und bei denen man aktives Zuhören lernen kann. Hierbei hilft auch das Verständnis vieler nonverbaler Kommunikationsmittel:

- Gesichtsausdruck
- Körpersprache
- Tonfall
- Kultur

Für ein erfolgreiches Stressmanagement beachten Sie diese fünf Aspekte:

1. Vermeiden Sie Fehlinterpretationen! (keine Annahmen, nur Wissen)
2. Kennen Sie Ihr Führungscredo! (Glaubwürdigkeitskompass über Werte und Leitlinien)
3. Schließen Sie niemals von sich auf andere!
4. Nehmen Sie stets die Gefühle des Gegenübers ernst!
5. Erschließen Sie die Ursache der Problematik! (Erfahrungen, Beweggründe)

9.3 Umgang mit Rückschlägen und Herausforderungen

Kleine Fehltritte und Rückschläge wird es im Leben immer einmal wieder geben. Davor sind wir alle nicht gefeit. Dennoch möchte man solche Niederlagen möglichst selten erleben. Wer emotional intelligent gut ausgerichtet ist, wird einige dieser Herausforderungen weniger verlustreich durchleben. Vor allem gegen eine hemmende Nachwirkung sollten Sie diese Makel klug für sich nutzen:

* **1. Blicken Sie der Realität ins Auge:** Nun kennen Sie die Stellschrauben und das Fundament zum Überdenken Ihres Plans.

* **2. Analysieren Sie sachlich:** Mit dem Blick auf die Details bekommen Sie Rahmenbedingungen geschenkt, weshalb Ihr Plan nicht aufgegangen ist.

- **3. Ermutigen Sie sich:** Hämische Kommentare und Mitleid helfen Ihnen nicht weiter, während Ihre Kraft weiterhin in Ihren Stärken ruhen sollte.

- **4. Lernen Sie von anderen:** Nicht immer müssen Sie scheitern, vor allem, wenn Sie Fehler der Mitmenschen vermeiden.

- **5. Halten Sie durch:** Selbst Bestsellerautoren und Technikinnovatoren mussten Niederlagen und Absagen kassieren, bevor sie durchgestartet sind.

- **6. Nutzen Sie Niederlagen als Neuorientierung:** Fehltritte holen Sie aus der Komfortzone heraus und offenbaren neue Motivation.

- **7. Orientieren Sie sich an neuen Herausforderungen:** „Jetzt erst recht!" sollte für die Verfolgung Ihrer Ziele erklingen, auch wenn Sie sich einen neuen Weg oder einen Branchenwechsel vorstellen.

Es bleibt schon im Kindesalter hängen, dass Fehler zum Menschsein dazugehören. Verzeihen Sie sich diese Rückschläge, denn sie sind oft gar nicht aufgrund eines Makels Ihrerseits entstanden. Manchmal ist die Zeit noch nicht gekommen, mitunter werden Sie Geplantes noch fortschrittlicher durchdenken und in einigen Situationen lag es auch nur am Losglück. Sie können dennoch auf diesen bis dato gegangenen Weg dankbar und stolz sein. Mit einer zeitnahen und intensiven Analyse bieten Sie sich den besten Lerneffekt.

Tipp: *Nach einer Niederlage hilft ein persönliches Verwöhnprogramm – Sie wissen, was Sie entspannt und glücklich macht.*

Die Überwindung von Hürden wird mit der Akzeptanz dieses unerwünschten Ergebnisses nachweislich einfacher gestaltet – es bedeutet schließlich auch nicht das Ende! Es kommt immer darauf an, weiterhin nach vorn zu blicken, schließlich sei einem Sprichwort zufolge auch noch kein Meister vom Himmel gefallen.

Sie sollten daher mit ausgebildetem Selbstwertgefühl und einem starken Selbstbewusstsein bei folgenden Niederlagen einmal mehr einen Schritt gehen, anstatt stehen zu bleiben:

- Prüfung nicht bestanden
- Kündigung
- Beziehungsende
- Scheitern Ihrer Idee
- Sackgasse bei der Zukunftsplanung
- Freundesverlust

Mit Hilfe von Selbstkritik müssen Sie nun nicht in der traurigen Vergangenheit verweilen, wenn die Zukunft aufgrund neu gewonnener Erkenntnisse vor Ihnen liegt. Ein Selbstmitleid beispielsweise verschleiert Ihnen diese Erfahrungen aus der Niederlage. Nutzen Sie zur Bewältigung folgende Strategien:

1. Gefühlskontrolle anstatt Selbstabwertung
2. Ehrliche Auswertung von der Idee bis zum finalen Meilenstein
3. Motivation erneuern (Neuorientierung, Entwicklung der Grundidee etc.)
4. Positives Fehler-Mindset als Verbildlichung der Verbesserungen
5. Benennen der relevanten Emotion und deren Steuerung (Trauer, Enttäuschung etc.)
6. Soziale Unterstützung holen (Feedback, Motivation etc.)

9.4 Tipps zur Resilienzsteigerung im Kontext emotionaler Intelligenz

Überwinden Sie chronische Belastungsgrößen und akzeptieren Sie Krisen. Mit einer ausgebildeten Resilienz ermöglichen Sie sich trotz stressiger Situationen eine seelische sowie körperliche Gesundheit. Bei der Resilienz handelt es sich um das Seelen-Immunsystem. Innere Stärke und eine große Belastbarkeit bereiten Ihnen einen meist ausreichenden Puffer, um zehrende Sachlagen ohne Schäden zu überstehen.

Lassen Sie sich nicht länger durch Misserfolge oder unangenehme Situationen aus der Bahn werfen und steigern Sie Ihre Robustheit dank des Blickes auf die sieben Säulen der Resilienz:

- **1. Akzeptanz:** Was kann verändert werden und was nicht? Auch die drittbeste Lösung hilft mitunter bei der Überwindung von Stress. Neben der Akzeptanz der Sachlage vereinfacht auch die Akzeptanz Ihrer Person den Umgang mit der Situation im Augenblick.

- **2. Bindung:** Hiermit werden sämtliche Beziehungen zu Menschen, Teams oder Gruppen sowie auch speziellen Systemen verstanden. Eine Unterscheidung von Beziehungs- und Sachebene reduziert die Belastung. Natürlich spielt die emotionale Intelligenz hierbei eine entscheidende Rolle.

- **3. Lösungsorientierung:** Gehen Sie professionell an die entsprechende Thematik heran. Insbesondere die positive Formulierung und eine realistische Schleife aus Rücksprachen bringt Ihnen Kontrolle über Ihre Gefühle zurück und festigt sie.

- **4. Gesunder Optimismus:** Nutzen Sie eine clevere Balance zwischen negativem sowie positivem Fokus. Die rosarote Brille darf wegbleiben, die Dankbarkeit darf Einkehr halten. Unterbrechen Sie auf diesem Weg die gewohnten Denkmuster.

- **5. Selbstwahrnehmung:** Sie haben bereits verinnerlicht, dass ohne die Kenntnis über sich und seine eigene Person kein Erfolg angesteuert werden kann. Mit diesem Wissen lenken Sie sich ebenso effektiv zu einem optimierten Zustand. Schärfen Sie Ihre Sinne und aktivieren Sie die Achtsamkeit. Wenn Sie Ihre Emotionen einordnen, bewegen Sie sich auf der Stressskala in den entspannten Messbereich.

- **6. Selbstreflexion:** Wie schon in den obigen Kapiteln beschrieben, folgt der Erkenntnis über die Emotionen deren Einstufung und Verortung im Kontext. Dazu müssen Sie Ihre aktuellen Verhaltensweisen umdenken und verändern. Die objektive Sicht auf sich selbst im großen Ganzen hilft dabei.

- **7. Selbstwirksamkeit:** Erkennen Sie, dass all Ihre Handlungen Auswirkungen forcieren und Reaktionen bedingen. Was Sie vielleicht in die Bredouille gebracht hat, führt Sie auch wieder heraus. Aktivität verbessert somit Ihre Lage und der Glaube daran schenkt Ihnen Motivation aus dem Tief.

Tipp: *Resilienz darf nicht als starres Schutzdach über uns verstanden werden. Es wirkt sich als Regulations- und Anpassungsfähigkeit eher fließend zwischen verschiedenen Zuständen flexibel aus. Arbeiten Sie daher nicht an einzelnen Säulen, sondern verstehen Sie das Ineinandergreifen aller sieben Punkte für eine individuelle Steigerung der Belastbarkeit.*

Des Weiteren steigern Sie Ihre Robustheit hinsichtlich auftretender Probleme ganz einfach durch eine bestmögliche Vorbereitung. Wer intensiver lernt, bekommt nicht gleich beim Lesen der Mathe-Textaufgaben einen Kollaps. Und wer vor Freunden einen Vortrag trainiert, wird sich auch für die Bühnenpräsenz vor fremden Menschen entspannende Erfahrungen sichern.

Emotionale Intelligenz in der Familie

Scheinbar nimmt die Komplexität des Lebens für einen heranwachsenden Menschen zu. Die Eltern werden vielleicht mit der Familienagenda schon lange etwas überfordert sein und die Schwester entwickelt seit der Geburt des zweiten Kindes eine gewisse Distanz aufgrund neidvoller Blicke auf das umhegte Baby. Auch wenn der Zusammenhalt der Familie stetig wachsen wird, läuft bei weitem nicht alles automatisch und harmonisch ab. Das Familiengefüge entwickelt sich regelrecht über die Jahre und bleibt stets von der Charakteristik aller Familienmitglieder abhängig. Emotionale Intelligenz in der Familie kann trotz unterschiedlicher Rahmenbedingungen von klassischen Aspekten gekennzeichnet sein:

1. Identitätsgefühl der Familie (Familienstolz und Wir-Gefühl)
2. Optimismusförderung unter Vorbehalt einer realistischen Betrachtung als Glücksschmiede
3. Übermitteln von Erfahrungen mittels Geschichten und Beispielen
4. Berücksichtigung aller Familienmitglieder
5. Förderung von Gefühlsakzeptanz und Empathie

Diese Verbundenheit wird am einfachsten durch regelmäßige Aussprachen erzielt – Sie kennen sicher den Familienrat als regelmäßige Tagungsinstanz bei wichtigen Fragen. Dabei ist auffällig, dass emotional intelligente Familien das gegenseitige Zuhören und Interagieren zu einer Art Kunst entwickelt haben. Es bedeutet aber auch, den nötigen Freiraum und das mögliche Alleinsein zu geben. Diese Zeit für sich benötigen alle Familienmitglieder, um Ihre Emotionen in jeweiligen Situationen erst einmal zu verstehen und sich danach anzuvertrauen.

Des Weiteren ist ersichtlich: Gemeinsame Zeit ist besonders wichtig. Die Vielfalt der Optionen reicht von gemeinsamem Abendbrot bis hin zu einem spontanen Städtetrip. Damit die Kinder seit Anbeginn die emotionalen Fähigkeiten entwickeln, bedarf es in der Regel einer intrinsischen Motivation. Diese erfolgt am besten im Belohnungssystem.

10.1 Wie emotionale Intelligenz in der Familie angewendet werden kann, um Konflikte zu minimieren und Beziehungen zu stärken

Bei so viel gemeinsamer Zeit bauen sich zwangsweise immer einmal ein paar Konfliktzonen auf. Wie bereits gelesen, muss ein Konflikt nicht per se schlecht sein. Eine Debatte sowie die direkte Auseinandersetzung bringen schließlich Wünsche und Meinungen zum Vorschein – bei der Rücksprache werden zudem manche Emotionen hinsichtlich des Themas angerissen. Konflikte sollen sich nur nicht zu Streitigkeiten entwickeln. Und dafür gibt es ein paar kleine Tricks zur Lösung von Konflikten innerhalb der Familie:

- Verständnis als Chance zur individuellen Berücksichtigung
- Gespräche als Bühne für die eigenen Gefühle
- verschiedene Meinungen schenken verschiedene Perspektiven
- gemeinsames Lösungsdenken
- Entwicklung von Empathie (Verständnis, Kompromissbereitschaft, Verzicht etc.)

***Wichtig ist eines:** Wenn eine Konfliktsituation herrscht, benötigen alle Beteiligten Raum und ein wenig Zeit zur Regeneration.*

In einer Diskussion lassen sich auch spielend einfach die Familienziele sowie -werte vermitteln. Dies umfasst beispielsweise konstruktives Streiten, genaues Zuhören und auch Selbstreflexion. Manchmal kommt es aber auch zu Kettenreaktionen und die Stimmung schaukelt sich ungewollt hoch. Da helfen drei Schritte:

1. Schritt: Auslöser für die emotionale Reaktion erkennen
2. Schritt: mentalen Unterbrecher suchen
3. Schritt: Kommunikationsmuster festlegen oder darauf zurückgreifen

Damit es erst gar nicht dazu kommt, empfiehlt sich die Einnahme von drei Positionen jeder an der Diskussion beteiligten Person. In Bezug auf Einzelargumente oder separate Aspekte tauchen die Konfliktpartner dann in drei Welten ab:

1. Position: Der eigene Blickwinkel
2. Position: Der Blickwinkel des Gegenübers
3. Position: Der Blickwinkel von außen, ähnlich einem Vermittler oder Berater

In jedem Fall empfehlen sich folgende Regeln:

- ruhig bleiben
- aktiv zuhören
- Respekt vor unterschiedlichen Meinungen wahren
- Blick auf das große Ganze
- Grenzen erstellen

10.2 Konkrete Tipps für Eltern und Kinder, um den Familienfrieden zu fördern

Eigene Meinungen, geschwisterliche Konkurrenz und jeder möchte am liebsten ständig seinen Willen umgesetzt sehen. Unzufriedenheit und Gemecker sind auch in den harmonischsten Familien das eine oder andere Mal zu entdecken. Nutzen Sie im Ernstfall einer stressigen Situation mit den Kindern zur Wahrung der Achtsamkeit in der Familie doch folgende Maßnahmen:

- Sehen Sie im kleinen Moment etwas Großes! (große Gefühle bedürfen nicht unbedingt Weihnachten und Geburtstagen, es reichen auch Sternenhimmel oder ein Bilderbuch)

- Kommunizieren Sie ohne Kommandos und Befehlston!

- Zelebrieren Sie Mahlzeiten als Erlebnis! (Ritual der Gemeinschaft einführen anstatt schnelles Herunterschlucken der Gerichte)

- Planen Sie für hygienische Morgen- und Abendroutinen ausreichend Zeit ein!

- Integrieren Sie gelegentlich Ausflüge in die Natur!

- Fördern Sie die Teilnahme am Gefühlschaos der Familienmitglieder! (Gespräche, Malen oder Tagebuch etc.)

- Pflegen Sie den Wert der Dankbarkeit!

- Verabschieden Sie sich vom Perfektionismus! (Üben Sie sich in Motivation!)

- Versuchen Sie nicht, alle Aufgaben gleichzeitig zu erledigen!

- Legen Sie Wert auf Digital-Pausen!

Dennoch kann es gelegentlich zu Streitigkeiten kommen. Das Streiten im kleinen Rahmen dient dabei der Förderung einer sozialen Komponente. Im privaten Umfeld lernt der Nachwuchs nun erste empathische und selbstbewusste Erfahrungen. Sollten sich einmal Geschwister zanken, liegt das oft an typischen Ursachen:

- Rivalität
- Persönlichkeitsunterschiede
- Überforderung
- Kränkung (scheinbar unfaire Behandlung oder Benachteiligung)

Da hilft als Erstes, Ruhe bewahren! Danach geht es an die objektive Familienpflege:

- Hören Sie allen Seiten zu!
- Stellen Sie universell geltende Regeln auf!
- Finden Sie eine gemeinsame Lösung!

Tatsächlich bietet sich hierfür eine dieser Familienkonferenzen an. Im Beisein aller Familienmitglieder werden die Situationen und Gefühle besprochen. Dazu eignet sich tatsächlich eine Terminvergabe – dieser Termin sollte nicht zu weit in der Zukunft liegen, aber jedem Zeit zur Einstimmung oder dem Erledigen anderer akuter Aufgaben schenken. In einer oder zwei Stunden oder am Nachmittag nach der Schule sollte sich der Sturm etwas gelegt haben. Kleinere Kinder benötigen häufiger diese Besprechungen als größere Kinder. Dafür sollten die jungen Familienmitglieder eher mit kürzeren Konferenzen konfrontiert werden. 10 Minuten für nur ein Thema empfiehlt sich für etwa Sechsjährige, ab 10 Jahren darf die Konferenz schon einmal komplexer und bis zu 30 Minuten dauern. Für so eine Zusammenkunft stellen Sie am besten Regeln auf:

- Jedes Familienmitglied ist gleichwertig.
- Jede Person bekommt Redezeit.
- Alle hören dem Ausführenden zu – keiner fällt einem anderen ins Wort.
- Alle Schwerpunkte werden nacheinander besprochen.
- Alle Familienmitglieder wirken an einer Lösung mit.

***Tipp:** Sollte sich einmal einer nicht an die Regeln halten, wird dieser Punkt bei der nächsten Familiensitzung in vertrauter Runde besprochen.*

In der Familie klärt sich meist unter den Erwachsenen schnell, wer die Rolle als Moderator übernimmt. Diesem sollte es wichtig sein, die Redezeit zur Verfügung zu stellen, aber auch, die anderen in Bezug auf ein Thema zu integrieren, bevor ein neuer Aspekt eingeworfen wird.

In der Familie wird somit der Wert von Kindern und Eltern gleichermaßen hoch gehalten und geschätzt. Die Kleinen lernen auf diesem Weg bereits einen professionellen Ansatz der Kommunikation für Ihr späteres Leben und die Fähigkeit der Empathie. Gemeinsamkeit schenkt das Potenzial für eine reibungslose Familienstruktur und wahrt dennoch die Option auf individuelle Entwicklung. Lachen, genießen und hören Sie daher gemeinsam zu. Geborgenheit und Glücksmomente stabilisieren die eigene Psyche ungemein.

Obacht: *Entweder ist der Nachwuchs Papa- oder Mama-Kind. Die Gefahr einer möglichen Manipulation im Sinne der besonderen Verbindung muss verhindert sein.*

Wer offen miteinander sprechen kann, der gibt Fehler zu und vergibt ebenso. Eine große Herausforderung besteht sicher in der Aufrechterhaltung von Gemeinsamkeit und Individualität.

10.3 Kommunikation zwischen Eltern und Kindern

Die Beziehung zwischen der elterlichen Generation und den Kindern benötigt sehr viel Kommunikation. Das Verständnis der Welt ist in unterschiedlichen Altersgruppen vollkommen verschieden. Dazu gesellen sich Generationskonflikte und moderne Gesellschaftstrends, die eine Diskrepanz verstärken. Dabei sollten Sie sich bewusst sein: Sie kommunizieren immer – auch die gerollten Augen sagen viel aus! Des Weiteren lernt das Kind am Erwachsenen. Stechen Sie mit empathischem Ansatz und einem gefühlsbetonten Verständnis heraus, werden Sie diese Reaktionen in späteren Konflikten auch vorteilhaft für sich empfinden. Denken Sie dabei an das 4-Ohren-Modell:

1. Sachohr – Worüber informieren Sie? (Fakten)
2. Appellohr – Wozu möchten Sie den Beteiligten veranlassen? (offene oder implizite Anforderungen)
3. Selbstoffenbarungsohr – Was geben Sie von sich preis? (nonverbale Kommunikation)

4. Beziehungsohr – Wie sehen Sie das Gegenüber? (Vertrauen, Freundschaft, Rivalität etc.)

„Das Thermometer zeigt minus 2 °C."

1. Die Temperatur liegt bei 2 °C.
2. Ziehe eine dickere Jacke an!
3. Ich mache mir Sorgen, dass dir kalt wird.
4. Es ist kalt, du findest schon die passende Kleidung.

Abseits dieser Herausforderung der optimalen Übertragung des Gedankens in Relation zur Interpretation des Rezipienten sollte bei heiklen Themen auch eine Struktur in der Gesprächsführung für alle Beteiligten erkennbar sein. Halten Sie sich daher einfach. Als Erstes wird das Thema angesprochen und dann sind die einzelnen Punkte an der Reihe. Wenn mehrere Punkte anstehen, werden diese vergleichbar einer Übersicht genannt und nachher einzeln angesprochen. So entsteht gleich eine Orientierung, in welche Richtung das Gespräch gelenkt werden soll.

Mehr als zwei Drittel der Kommunikation findet nicht offensichtlich statt. Nonverbale Kommunikationsmittel entscheiden über eine gelungene Konversation auf Augenhöhe. Bei problematischen Schwerpunkten schenken diese Methoden eine gute Basis für Vertrauen, Ernsthaftigkeit und eine zeitnahe Lösung:

- philosophische Reaktion eines Neutralen
- Ratschläge aus persönlichen Erfahrungen
- Fragen zur Erörterung sowie Vertiefung
- Mitleid als Grundlage des Verständnisses

Diese Varianten erweisen sich als deutlich hilfreicher im Vergleich zu Tadel, Schimpf und Warnung. Auch Befehle und Moralpredigten offenbaren wenig Potenzial im Sinne der Sache.

Tipp: *Formulieren Sie Ihre Wünsche für Änderungen positiv. Sie wünschen, dass etwas anders gemacht wird oder auf einen Vorschlag hin besser umzusetzen ist. Verkünden Sie weniger, wie schlecht eine Wahl war oder wie unsinnig ein Familienmitglied sich verhalten hat.*

Suhlen Sie sich nicht in Vorwürfen, sondern suchen Sie aktiv das Gespräch:

- Bieten Sie keine fertigen Lösungen an! (Ausarbeiten oder Finden einer Lösung)
- Verhalten Sie sich stimmig! (Lachen bei einer ernsten Situation führt zu Desinteresse)
- Stellen Sie Blick- und/oder Körperkontakt her!
- Formulieren Sie konkrete Aussagen!
- Senden Sie persönliche Ich-Botschaften und verbinden Sie diese zu einem Wir-Gefühl!
- Sprechen Sie auch direkt über Ihre Verhaltensweisen!
- Reflektieren Sie stets! – Einseitige Interpretation schürt eventuell das Feuer
- Führen Sie regelmäßig solche deeskalierenden Gespräche! (verteilte Last und weniger Gewitter)

***Tipp:** Ein „Nein“ muss nicht in jedem Fall begründet werden. Oft folgt auf ein „Nein“ ein „Aber“ durch das Kind. Die Suche nach der Rechtfertigung wird nicht aufhören und der schiefe Haussegen scheint vorprogrammiert.*

Emotionale Intelligenz im Bildungsbereich

Im Kindergarten stehen Spiel, Schlaf und Essen an. Es könnte alles so einfach sein, müsse man nicht verstehen, warum man nicht mit den Legosteinen werfen darf. Das Erlernen eines umgänglichen Miteinanders mit anderen Individuen ist eine – oft unterschätzte – Aufgabe des Kindergartens und später auch der Schule. Gemeinsames Errichten eines Bauklotzturms oder das Erstellen eines Papierblumenstraußes in der Gruppe fördert die Teamfähigkeit bereits frühestmöglich. Wer das Handeln im Kollektiv nicht lernt, wird stets die egozentrische Brille aufbehalten. Auf dem Weg zur eigenen Persönlichkeit muss diese zwar immer wieder auch aufgesetzt werden können – die eigenen Ziele werden dennoch meist einfacher und energiesparender mit Unterstützung Dritter erreicht.

Aber wie reagieren Kinder, wenn das Spielzeug weggenommen wird? Stressige Situationen sowie die Anerkennung sozialer Regeln sind schwierig und sollen so zeitig wie möglich in der Kindesentwicklung stattfinden. Natürlich gehört dazu auch das Etablieren eines Durchsetzungsverhaltens. Kindliche Freundschaften, erste Gespräche und das Lösen von Alltagsphänomenen mittels Hinterfragen fördern die eigene emotionale Entwicklung und bilden das Fundament für die weiterführende emotionale Intelligenz im Alter. In diesem Fokus soll den Kindern ebenso vermittelt werden, wie sich ihr Handeln auf andere auswirkt. Sie lernen ihre Selbstwirksamkeit kennen. Und so lässt sich im Verlauf des Lebens deutlich besser erkennen, wie es einer Person geht – ohne die stete Floskel „Wie geht's dir?" mit einer Plattitüde beantwortet zu bekommen.

Die Familie stellt die erste Instanz zur Ausbildung emotionaler und empathischer Kompetenzen dar. Zusätzlich ergibt sich im Bildungsbereich ein zweites Segment der Entwicklung dieser sozialen Fertigkeiten.

Das Training im kindlichen Miteinander und der infantilen Gefühlswelt findet tatsächlich im Gehirn statt. Die Verbindung von Frontallappen für die Selbstregulation und dem limbischen System für die Emotionsentwicklung gilt es, frühzeitig zu aktivieren. Dies funktioniert unter anderem auf diesen Wegen:

- Bewegung hilft der Verarbeitung von Gefühlen
- Malen (später Notieren) von gefühlten Eindrücken
- Integrieren der Bestandteile des Selbst (körperliche Empfindungen und Gedanken verknüpfen)
- Emotionale Entwicklung durch Bücher / Vorlesen
- Ablenkung von negativen Eindrücken (primär Spannendes, in argen Fällen Belohnendes)
- Erinnerungen forcieren und Abstand gewinnen (Was hat das Kind vor dem Gefühlschaos gemacht; wirkt wie Reset)

Vielfach helfen Spiele bei der kindlichen Verarbeitung der vielschichtigen Gefühlswelten durch Selbstregulation. Da nahezu alle Spiele feste Regeln haben, wird die Impulssteuerung trainiert. Außerdem hilft es, den Fokus auf die entsprechende spielerische Exekutive zu legen:

- Würfelspiele (Unplanbarkeit aushalten)
- Memory (Gedächtnis)
- Mikado (Exaktheit)
- Schnippschnapp (Zeitgefühl)

In jeder Situation wird das Kind mit herausfordernden Stresssituationen konfrontiert. Ein emotional intelligenter Pädagoge erweist sich dafür als notwendig. Intensive Gespräche sind genauso unerlässlich wie diverse Rollenspiele zu unterschiedlichen Szenarien. Dabei agiert die Lehrerschaft als zweite Vorbildinstanz nach den Eltern.

11.1 Die Bedeutung von emotionaler Intelligenz in Schulen und Bildungseinrichtungen

Nach dem sechsten Lebensjahr sollte ein Kind seine Gefühle beschreiben können. Doch dies garantiert nicht unbedingt, dass der Nachwuchs dann auch über Emotionen und Stimmungslagen sprechen möchte – einmal abgesehen von der Schwierigkeit der Pubertät. Doch für die anstehenden Entwicklungsaufgaben in den Lebensabschnitten benötigen Kinder und Jugendliche soziale Kompetenzen. Sie sind wichtig für folgende Aspekte:

- eigene Entscheidungen treffen
- Aufbau von Freundschaften/Beziehungen
- Entwicklung des Verantwortungsbewusstseins
- Wachsen mit den steigenden Anforderungen
- emotionale Unabhängigkeit von den restlichen Familienangehörigen
- Akzeptanz von Stärken/Schwächen
- Entwicklung eines individuellen Wertesystems
- gesellschaftliche Rolle und Geschlechteridentität und viele Schwerpunkte mehr

Auf diesem Weg der Herausforderungen im Leben besteht der Mensch die ihm gestellten Aufgaben mit ein wenig mehr sozialer Kompetenz deutlich besser. Daher richten sich Eltern am besten nach der Ausbildung folgender Fertigkeiten:

- Kontaktfähigkeit
- Kommunikationsfähigkeit
- Kooperationsbereitschaft
- Kompromissbereitschaft
- Empathiefähigkeit
- Durchsetzungsvermögen
- Umgang mit Kritik
- Wertschätzung
- Flexibilität
- Konfliktfähigkeit
- Verantwortungsbewusstsein

Jetzt werden Sie staunen! Bei allen Fähigkeiten handelt es sich um Vorteile der ausgeprägten emotionalen Intelligenz.

Als Schlüssel zum Lernerfolg gehört die Integration von emotionaler Intelligenz nicht nur in das Gemeinschaftsgefüge innerhalb der Klassen, sondern auch als Spezialunterricht in den

Lehrplan. Lernen Sie die emotionale Intelligenz umfassend im Unterricht in verschiedenen Phasen kennen, zeichnen sich langfristig sehr positive Ergebnisse ab. Sie profitieren von folgenden Vorteilen:

- fokussiertes und erfolgreiches Lernen
- Steigerung der sozialen Kompetenz
- weniger Ängste
- Training von Mitgefühl
- ressourcenschonende Meisterung von
- Schwierigkeiten
- Förderung des Selbstbewusstseins und damit des
- Aufbaus von Resilienz

Zudem weisen einzelne Studien nach, dass emotional intelligente Menschen weniger dem Drogenkonsum verfallen und, um noch einmal positiv abzuschließen, deutlich eher Abschlüsse und Karrieresprünge erzielen – das wünschen Sie sich doch auch für Ihren Nachwuchs. Da jeder Mensch bevorstehende Situationen als Erstes aus der Schublade der Erfahrung angeht, lohnt sich allein schon die frühestmögliche Auseinandersetzung mit verschiedenen Alltagsszenen. Wird eine Routinereaktion nicht gefunden, entsteht Stress – oder wenn eine persönliche Abneigung existiert.

In diesem Fall schenken die innere Selbstsicherheit und das Sich-Verlassen auf gute Impulsverarbeitung eine Konfliktlösung. Das fängt bereits mit den ersten Kontakten in der Familie an und sorgt im permanenten Zusammensein in KiTa sowie KiGa nochmals für Verwirrung. Die Auseinandersetzung mit anderen Menschen übt sich daher früh – sie wird die sich stets vergrößernde Basis im Umgang mit bekannten sowie fremden Personen sein. Hinsichtlich neuer Ereignisse zeichnen sich eine Reduzierung von Konfliktpotenzial und ein gesundes Maß an Emotionsentwicklung ab. Dies allein wird durch das Wissen um Kommunikationsregeln, Respekt und das bereits entwickelte Einfühlungsvermögen forciert. Doch um auf diese Lösungen zugreifen zu können, muss jeder Mensch diese erst einmal verstehen und einordnen. Das ist die Herausforderung im jungen Alter!

Die Vielzahl an Veränderungen verlangt nach ein paar Hilfsmitteln. Gesellschaftliche Veränderungen sind als ein Fluss zu verstehen und bedürfen eines festen Ufers. Daher sollten ein paar Sicherheiten für den jungen Nachwuchs gegeben sein:

- regelmäßiges Nachfragen über den Zustand (Was haben sie am Wochenende gemacht? Wie haben sie sich in einer bestimmten Situation gefühlt? Warum sitzt du hier und spielst nicht mit den anderen?)

- feste Auszeiten sorgen für Entspannung und Verarbeitung (Essenspausen, regenerative Spielauszeiten oder Mittagsschlaf)

- Zeiten für bestimmte Aktivitäten (Übung der Geduld, Gönnen und Teilen beziehungsweise die Vorfreude auf etwas lernen)

- Emotionscoachings zur Förderung der Akzeptanz von Emotionen (Gruppengespräche, Rollenspiele sowie Erlebnislernen)

Während der Lerneinheiten sollen die Kinder sich direkt mit den eigenen Emotionen wie auch den Gefühlen der Mitschüler auseinandersetzen. Diesbezüglich helfen drei Verständnisse:

1. Jedes meiner Gefühle hat einen Namen und ein Einsatzgebiet.
2. Wir beide haben in derselben Situation nicht immer die gleichen Gefühle.
3. Emotionen helfen mir, mich zu orientieren und durchzusetzen.

Die regelmäßigen Zusammenkünfte in der Grundschule werden auf verschiedene Arten realisiert:

- Morgenkreis
- Klassenrat

- Bildkarten (Gesichter, Mimik + Gestik oder Symbolfotos mit Assoziationsbeschreibung)

Im weiteren Verlauf der schulischen Entwicklung erfolgt die Integration der emotionalen Anforderungen immer komplexere Bereiche:

- zwei Situationen – eine Brücke bauen
- Rollenspiele nach aktuellen Themen aus der Presse
- Diskussionen über persönliche Zwiespalte von Romanfiguren
- Erkennen verschiedener Reibungspunkte und daher unterschiedlicher Sichtweisen (Film und Buch)
- Exkursionen in andere Umfelder (ob Schwimmhalle für die Kleinen oder geschichtsträchtige Areale für die Großen, inklusive Stimmungsbeschreibungen)
- Debattenrunden (Schärfen von Kommunikation, Kritik, Toleranz und Selbstbewusstsein)

11.2 Lehrplangestaltung zur Entwicklung emotionaler Intelligenz

Der Lehrplan darf daher gern an gemeinschaftlichen Bearbeitungen ausgerichtet werden. Gruppenarbeiten und -präsentationen bieten sich an, um Themen aufzubereiten, zum Nachdenken anzuregen und ebenso eine Debattierkunst in die Wege zu leiten. Viele Menschen verbinden mit einer Debatte einen handfesten Streit, doch die Erörterung von verschiedenen Perspektiven fördert die Reflexion. Dafür muss sie sich im rein sachlichen Rahmen bewegen. Wer als Lehrer offen für neue Erkenntnisse und Wege der Intelligenzentwicklung ist, wird einen frischen und dynamischen Evolutionsprozess der emotionalen Intelligenz in die Wege leiten. Und dies sollte dem Schuldirektor, dem Landesschulamt und der Bildungsagentur am Herzen liegen. Konsequent angebotene Weiterbildungskurse halten die eingefahrenen Routinen in der Schule leichter fern.

Leider muss öfter festgestellt werden, dass im Schulsystem selbst und vor Ort zu häufig der Adultismus – Machtungleichgewicht zwischen Schülern und Lehrern – vorherrscht.

Eine gesteigerte Achtsamkeit im Hinblick auf das Zusammenspiel von wissender Lehrkraft und neugierigem Schüler vereinfacht jede Lehreinheit. Vor allem bindet es die Schüler durch eine vergleichbare Ebene deutlich effektiver an die Pädagogen. Und mit diesem Clou wird der Funken eher überspringen. Wiederum erleichtert diese Form nachweislich auch den stressigen Tag der Lehrer selbst. Hinsichtlich der emotionalen Intelligenz lernen die Kinder bereits früh am Modell – nach Vorbild.

Emotionale Kompetenz fördert soziale Kompetenz. Bereits ab dem ersten Lebensjahr spüren die Babys elterliche Gefühle. Sie lernen diese und die eigenen Emotionen langsam kennen. Theoretisch wird im fünften Jahr die Empathie ausgebildet, ab dem sechsten bedienen sie sich der einfachen Form der Emotionskontrolle. Daher empfiehlt sich die Förderung der emotionalen Fähigkeiten bereits vor dem Grundschulalter, ab der 1. Klasse auch durch die Schule.

Einfache Methoden zur Konfrontation der Kinder mit Gefühlen lassen den Nachwuchs beeindruckend nachhaltige Erfahrungen sammeln:

- aktive Nachfrage beim Kind in bestimmten Situationen
- Gefühls-Spiele (Rollenspiel, 3 Dinge, die ich mag oder eben nicht – Bandbreite der Emotionen)
- Soforthilfe mittels Stift und Papier (Aufschreiben, wenn Gefühl existent ist)
- Büchertherapie (in Büchern stecken verschiedene Lebensläufe)
- Familiengeschichte enthält emotionale Momente (Opa erzählt von „früher“)

Meistern Sie schwierige Situationen mit Ihren Kindern bereits im Vorfeld. Spielen Sie einzelne Situationen durch und fragen Sie, was das Kind anschließend tun würde – Beispiel: Ein Junge nimmt Ihrer Tochter die Buddelform weg. Obwohl Sie das Ganze mit dem Nachwuchs fiktional durchspielen, sammelt er Erfahrungspunkte. Und dies verleiht dem Kind deutlich mehr Sicherheit, wenn einer der angetesteten Momente eintritt.

Vergleiche setzen: „Wie hast du dich gefühlt, als du ...?“ Nun soll das Kind in unterschiedlichen Kategorien einen Vergleich setzen und die Begründung liefern. So kann es sich stark wie ein Bär gefühlt haben, weil es den Maltisch selbst verschoben hat.

Zudem verwenden Sie doch empathieförderliche Fragen:

- Theresa ist wütend – Was hat sie wütend gemacht?
- Du wirkst irritiert – Kannst du mir sagen, warum?
- Max weint – Hast du eine Idee, warum?

Neben dem Gefühl von Sicherheit und Akzeptanz darf der Optimismus nicht zu kurz kommen. Auf der anderen Seite darf gern auch vermittelt werden, dass ein mögliches Scheitern Erfahrungen und Erkenntnisse mit sich bringt.

Schüler lernen in der Gruppenarbeit eines: Nur wenn alle Gruppenmitglieder das Ziel erreichen, erlebt der Einzelne den Erfolg. Ähnlich dem Prinzip der stillen Post müssen alle Informationen im Zusammenspiel bestmöglich zum Ergebnis geführt werden – nur in diesem Fall soll es am Ende auch stimmen und nicht wie beim Spiel „Stille Post“ etwas Lustiges herauskommen. Es eignen sich hierbei Projekte mit ganz verschiedenen Teilbereichen:

- Herbstkranz (Jeder sucht nach einem Element, gemeinsam wird über das Anrichten nachgedacht)

- Plakat (Jeder kümmert sich um ein Thema, beispielsweise Haustier, Essen, Pflege, Anatomie etc.)

- Quizreihen (Teams zusammenstellen und vorrücken oder jede zweite Bankreihe bildet ein Rateteam)

- Sportolympiade mit Klassenteams und einem Auserwählten pro Sportart (dies lässt sich auch als Wissensmarathon mit verschiedenen Themenkategorien adaptieren)

- Sandstadt (gemeinsames Herausformen einer Metropole auf engem Raum)

- Puppendoktor für verschiedene Leiden

- Bücher in Rollen vorlesen (Hineinversetzen in Figuren)

- „Was macht ..." (Darstellungsspiele – „Was macht der Bär, wenn er glücklich ist?")

- Gesichter erraten („Was denkt dieser Mann?", „Was ist dieser Frau widerfahren?")

- Ampelspiel (für verschiedene Szenen Grün, Gelb oder Rot für Gut, Naja oder Schlecht)

- "Ehrenball" (Ein Ball wird einem Kind zugeworfen, ihm gebührt Ehre und die Gruppe nennt positive Dinge – dann entscheidet das Ehrenkind, wer sein Nachfolger wird, bis jeder einmal an der Reihe war)

- „Augen lügen nicht" (Mütze auf, Tuch um Nase und Mund und alle erraten an den Augen, was der Betroffene gerade denkt)

- „Orgelpfeifen" (Schuhe aus, auf den Stuhl und dann wird nach Anfangsnamen, Größe oder anderer Kategorie geordnet – auf den Stühlen geht es hin und her, niemand darf den Boden berühren, da ist Teamarbeit gefragt)

Was fördert die soziale Kompetenz am einfachsten? Wenn viele Situationen in Gemeinschaft zu den Erfahrungen gezählt werden. Daher empfiehlt sich für die jungen Altersstufen die Aktivität in der Gruppe:

- Basteln, Malen, Spielen, Essen, Gartenarbeit

Am Ende jedes Tages empfiehlt sich eine KiKo – die KinderKonferenz. In der Gruppe wird über Gutes und Schlechtes an diesem Tag gesprochen. Was hat den Einen erfreut, was die Andere gestört hat? Bei großen Highlights wird nachgefragt, wie jedes Kind sich dabei gefühlt hat. So werden der Austausch und das Wissen um verschiedene Perspektiven gepflegt. Gemeinsame Erlebnisse im Klassenraum stärken außerdem den Zusammenhalt der Kinder:

- „Gipsbinden“ – einfaches Anlegen der fest werdenden Binden an Arm oder Bein – zusätzlich dürfen die anderen Kinder etwas Freundliches darauf schreiben
- Fotokalender der Klasse bei Aktivitäten
- Überraschung für das Geburtstagskind (geheim geplant von allen anderen Kindern)
- Holz-/Tonhaus bauen für das Klassenhaustier oder in großer Form als Spielzeug

Der Fokus bei der Entwicklung der Emotionalität liegt insbesondere auf der Interaktivität. So lernen die Kinder Werte und Respekt auf praktischem Weg. Sollte Letzterer in einer Situation nicht aufgebracht werden, wird er nicht toleriert – am besten, wenn die Schüler selbst darauf reagieren. Das wird dann im Stuhlkreis besprochen.

***Tipp:** Mit dem Spiel „Memory“ wird erstens das Gedächtnis trainiert, des Weiteren lernen die Schüler den Umgang mit passenden Emotionen und dass die aktuelle Enttäuschung im nächsten motivierten Zug schon wieder wie weggeblasen scheint.*

Für die Kleinen erweist sich eine „Rückzugsinsel“ inklusive verantwortlicher vertrauter Person als sicherer Hort aus, der im dynamischen Alltag für Entschleunigung sorgt. Wiederum ergeben für die größeren Schüler „Pausenengel“ als aufmerksam herausstechende Mitschüler eine gute Alternative zum Aufspüren von Konflikten.

- **Kartenstücke:** Die Gruppe wird in mindestens 3 Teams aufgeteilt. Wenn mehr entstehen, wird die Dynamik und Interaktion verstärkt. Nun bekommen alle Teams einen Umschlag. In dem befinden sich verschiedene zerschnittene Puzzleteile. Diese wurden vom Pädagogen nach dem Zerschneiden gemischt und ohne Plan in die Umschläge verteilt. Somit sollten sie nicht automatisch ganze Karten ergeben. Jetzt fängt die Zeit des Tauschens an. Dafür wenden sich stets zwei Teams aneinander und versuchen, so viel wie möglich Kartenteile für komplette Sets zu ergattern. Jetzt fängt das Handeln um die besten Deals für die meisten Komplettsets an. Eine Stufe weiter werden doppelte oder mehrfache Karten untergemischt, sodass für ein fehlendes Kartenteil ein gegnerisches Team einen anderen Deal vorschlägt als ein weiteres – natürlich immer im klugen Schachzug der eigenen Vollendung.

- **Hindernisparcours:** Mit verbundenen Augen meistert ein Schüler einen Parcours nur durch die Angaben des Mitspielers. Es geht nach Zeit und sollte die Kommunikation und das Charakterverständnis schulen.

- **Nachbauen:** Zwei identische Bauklotzsysteme sollen identisch aufgebaut werden. Dazu stehen zwei Spieler mit dem Rücken zueinander. Der Dritte ist der „Läufer". Er beschreibt die Darstellung und der andere baut die vom einen Schüler bereits gefertigte Konstruktion nach. Es wird schwieriger, wenn die Beschreibungsoption eingeschränkt wird, beispielsweise 1 Satz pro Bauphase.

- **Verrückter Cartoon:** Es soll ein harmonischer Comic entstehen, wobei jedes Mitglied eine Seite oder einen Rahmen voll Inhalt füllen soll. Dafür müssen zuerst die Geschichte und danach die Aufgaben jedes Details besprochen werden. Ansonsten wird der Cartoon nicht stimmig sein. Natürlich dreht sich auch hierbei alles um ein Zeitfenster.

- **Vier auf auf!:** In der Gruppe dürfen immer nur vier stehen. Alle anderen müssen sitzen. Nach zehn Sekunden muss ein Wechsel erfolgen, sodass wieder nur vier andere Kinder stehen. Jetzt kommt der Haken: Es erfolgt ohne Worte. Die Kommunikation erfolgt nonverbal und jeder muss mindestens einmal gestanden haben. Wie lange hält sich das Spiel am Laufen? Es warten natürlich Belohnungen für das Erreichen eines Zeitplans.

- **Blinde Suche:** Von den Zweierteams werden einem Kind die Augen verbunden. In einem Kreis befinden sich Gegenstände, welche der „blinde Schüler" aufgrund der Beschreibungen des anderen schnellstmöglich finden muss. Nach beispielsweise jedem gefundenen Objekt wird ein weiteres Zweierteam in den

Kampf um die Schätze geschickt. Nicht unbedingt das erste Team muss nun auch am Ende die meisten Gegenstände in der Schatztruhe haben. Es geht um Teamarbeit. Es wird schwieriger, wenn die „blinden Schüler“ in das Zimmer hineingeführt werden, ohne vorher die Standorte der Dinge gesehen zu haben. Welches Objekt gesucht wird, kann mittels Ziehen eines Zettels und des darauf befindlichen Schlagworts realisiert werden.

* **Wie tickt der andere?:** Zwei Mitspieler, Rücken aneinander und dann geht es los. Die Runde kann Aussagen in den Raum stellen, die im Sinne eines Schülers zutreffen sollen oder eben nicht. Der Betroffene weiß Bescheid, aber kennt ihn auch die andere Person? Ein Daumen nach oben steht für „Richtig“, ein Daumen nach unten für „Falsch“.

Emotionale Intelligenz und Gesundheit

Es war schon vor Burnout und Boreout bekannt: Die Psyche beeinflusst die Gesundheit! Dabei wird eine Kausalkette eingerichtet, bei der Angst Herzrasen erzeugt und Unangenehmes auf den Magen schlägt. Auf Zeit führt diese mentale Anspannung zwangsweise zu körperlichen Beeinträchtigungen. Es darf angenommen werden, dass die Hälfte der Patienten einer Allgemeinmedizinpraxis gar keinen körperlichen Beschwerden ausgesetzt sind. Zusätzlich wirken sich Emotionen ebenso auf das eigene Immunsystem aus. Viren und Bakterien sowie Pilzen und anderen Parasiten wird somit regelrecht die Tür geöffnet. Wie Sie es sich nun schon gedacht haben werden: Gerade negative Gefühlswelten führen zu Stress – manchmal chronisch – und bringen das Gleichgewicht des Körperkreislaufs durcheinander.

In vielen Fällen bewirkt Stress auch Entzündungen. Die Abwehr gegen Fremdstoffe erweist sich nunmehr als schwächer und Wunden heilen zudem schlechter. Wer unter Autoimmunerkrankungen wie Neurodermitis oder Rheuma leidet, wird sich mit schlechteren Rahmenbedingungen auseinandersetzen müssen. Des Weiteren steht emotionaler Stress oft im Zusammenhang mit Störungen des vegetativen Nervensystems. Diese Instanz reguliert wichtige Körperfunktionen. Langfristige Belastungen betreffen folgende Funktionen:

- Atmung
- Herzschlag
- Stoffwechsel
- Verdauung

Obacht: *Nicht von ungefähr existiert das anerkannte Broken-Heart-Syndrom, bei dem Trauer Atemnot, Brustenge und Schweiß sowie Herzrasen auslöst.*

Zudem verursacht psychischer Stress einige Störungen:

- Bluthochdruck
- Durchfall
- Herzrhythmusstörungen
- Magengeschwür
- Magenschmerzen
- Reizdarm

Sogar das Sehvermögen wird durch psychische Belastungen negativ beeinflusst. Aufgrund des Augeninnendrucks wird der Grüne Star (Glaukom) begünstigt. Wegen der starken Anspannung der Ziliarmuskeln am Auge verändert sich die Sehschärfe. Dies kann bis zu einer vorübergehenden Blindheit führen.

12.1 Wie emotionale Intelligenz die körperliche und psychische Gesundheit beeinflusst

Die Fertigkeit der Selbstregulation bei einem emotional intelligenten Menschen reduziert den Grad der Belastung im aktuellen Moment. Sie mindert ebenso die Anfälligkeit für jede noch nicht erlebte, aber möglicherweise auftretende Stresssituation. Auf lange Zeit gesehen entspannen emotional versierte Personen einfacher und zeigen deutlich mehr Resilienz gegenüber Konflikten jeglicher Art. In der Konsequenz wird das physisch-psychische Gleichgewicht viel schneller wiederhergestellt. Die Folgen sind mehr Energie und ein größeres Level an Freude.

Tipp: *„Mindfulness-Based Stress Reduction" (MBSR) überzeugt als evidenzbasiertes Achtsamkeitsprogramm. Es wurde von Experten zum Abbau von stressanfälligen oder psychisch belasteten Menschen entwickelt. Stressreduktion, Schmerzbewältigung und Emotionsregulation tragen folglich zur nachweislichen Verbesserung der Mentalgesundheit bei. Dies wiederum fördert die eigene Selbstreflexion, hilft der Konzentration und stärkt den Aufbau zwischenmenschlicher Beziehungen.*

Des Weiteren unterstützen ein paar klassische Maßnahmen den Abbau von gesundheitlicher Belastung durch zu viel Stress:

- Bewegung (Aqua-Fitness, Nordic Walking, Fahrradfahren etc.)
- Entspannung (Yoga, Autogenes Training, Massage etc.)
- Erholung (Pause, Schlaf, vertrautes Umfeld etc.)
- Stressbewältigung (Achtsamkeit, Familienabend, Therapie etc.)

Die drei Hebel der kultivierten emotionalen Intelligenz sind Klarheit, Verbundenheit und die Stressreduktion. Achtsamkeit selbst darf daher als neue Orientierungskultur verstanden werden. Sie hilft bei der Bewahrung von Ruhe mitten im Sturm.

12.2 Gesundheitsfördernde Auswirkungen einer hohen emotionalen Intelligenz

Stress ist förmlich eine Reaktion auf einen Alarmzustand. Eine höhere Herzfrequenz und ein schnellerer Atem sind für die Flucht vor einem wilden Tier eine verlässliche natürliche Überlebensstrategie. In der modernen Gesellschaft wird die Flucht vielleicht noch bildlich mit der Abkehr von zu vielen fremden Menschen und zu vielen Informationen sowie großen Belastungen verstanden. Wird Stress nun in einer alltäglichen Situation erzeugt, benötigen wir selten erhöhte körperliche Aktivität. Sie zehrt uns förmlich aus und verbraucht Ressourcen für andere Stoffwechselprozesse oder die Versorgung von Organen und Gewebe. Ohne intaktes Stressmanagement wird die Gefahr von chronischen Schäden in unterschiedlichen Auswirkungen im Raum stehen.

Um sich der Belastung zu entziehen, müssen Sie diese erst einmal benennen. Sie stammen aus zwei generellen Richtungen:

1. Universelle Stressoren – Äußere Umstände (Informationsflut, Zeitnot, Streit)
2. Individuelle Stressverstärker – Innere Umstände (Perfektionismus, Denkmuster, Glaubenssätze)

Auf diese Stressoren folgen verschiedene Reaktionen. Diese entstammen drei allgemeinen Kategorien:

1. Physischer Stress (Schwitzen, Zittern, Verspannungen etc.)
2. Verhaltensweisen (Gereiztheit, blinder Aktionismus, Überforderte Cholerik etc.)
3. Kognitive Folgen (Blackout, reduzierte Leistungsfähigkeit, erhöhte Fehlerquote etc.)

Stressmanagement beschreibt nun die Gesamtheit der Strategien zur Verhinderung oder Reduzierung von Stress. Denken Sie daher zum eigenen Wohl an diese Methoden zur Stressreduktion:

- Unterstützung einholen/annehmen
- „Nein!"-sagen lernen
- positive Glaubenssätze formulieren
- gesunde Ernährung
- Entspannungstechniken (Atemübungen, Yoga etc.)
- Pausen und Schlaf

Die Eliminierung der Stressoren steht visionär im Vordergrund. Richten Sie Ihren Blick daher auf folgende Aspekte:

- Zeitplanung
- Fachkompetenz
- Akzeptanz der eigenen Person
- Prioritätenlisten
- zielgerichteter Fokus

***Tipp:** Emotionale Intelligenz baut Stress mit Kollegen und Mitmenschen auf effektive Weise ab. Streitigkeiten brodeln nicht im Tiefen, Auseinandersetzungen werden sachlich ohne Nachtragen geführt und die direkte Kommunikation aufgrund einer vertrauten Verbundenheit verringert die unplanbaren Überraschungen oder Missverständnisse.*

Widmen Sie sich daher konsequent den drei Säulen Resistenz, Kompetenz und Prävention hinsichtlich der Thematiken Stress und Stressbewältigung.

Hinweis: *Es gibt einen elementaren Unterschied zwischen Stressmanagement und Resilienz: Während die Resilienz eine Belastungsgrenze erhöht und die Erholung vom Stress begünstigt, beschäftigt sich das Stressmanagement mit der Konfrontation der Stresssituationen und im besten Fall mit deren Vermeidung in der Zukunft.*

12.3 Förderung von emotionaler Resilienz für langfristige psychische Gesundheit

Im betrieblichen Stressmanagement gilt es, folgende Punkte zu analysieren und deren Rahmenbedingungen zu optimieren:

- Personalplanung
- Aufgaben-Zeit-Management
- Auftragsplanung
- direkte Kommunikation
- garantierte Ansprechpersonen / Sprechzeiten
- Belohnungssystem
- betriebliche Achtsamkeitsangebote
- soziale Stressorquantität (Mobbing, Bevorzugung, Teamgefüge etc.)
- Sensibilisierung (Projekte, Technik, Unternehmensphilosophie, Angestelltenbelange etc.)

Greifen Sie konsequent auf die „7 Säulen der Resilienz“ zurück:

1. Akzeptanz
2. Bindungsstärkung
3. Lösungsorientierung
4. Optimismus
5. Schutzfaktoren
6. Verantwortung
7. Zukunftsplanung

Tipp: *Verlassen Sie die Opferrolle bei anstehendem Stress, steigern Sie intuitiv Ihre Resilienz ein Stück weit mehr.*

Zudem unterstützen Sie Ihren Grad an individueller Resilienz mit ein wenig persönlichem Einsatz und so mancher Charakterstärke. Auch Letztere sind nicht in Stein gemeißelt und können trainiert werden:

- Vorbereitung
- Flexibilität
- Teamarbeit
- Vertrauen

Zukunftsaussichten

Onlineangebote sorgen für einen Rückgang an Verkäufern und viele Arbeitsroutinen werden von der Produktion bis zur Logistik automatisiert. Die Ausrichtung der Kompetenzen wird sich somit ein wenig verschieben – und hat dies auch schon! Ein Fokus bleibt dennoch bestehen: der Kundenkontakt. In vielen anderen Bereichen wird die fachliche Kompetenz zwar vonnöten, aber nicht mehr so präsent sein. Eine deutlich größere und hellere Bühne wird nunmehr der emotionalen Intelligenz im Umgang mit Kommunikationspartnern, unter Kollegen oder zwischen Chef und Angestellten zufallen. Empathie und Bewusstsein werden sich noch mehr in den Vordergrund spielen. Zudem ermöglicht eine ausgeprägte Selbstreflexion die eigene Produktivität und ebenso das individuelle Beziehungsmanagement. Sozial veranlagte Personen tragen in Zukunft daher größtenteils zur Umsatzgenerierung sowie Mitarbeiterzufriedenheit bei. Es wird angenommen, in fünf Jahren betrage die Nachfrage nach emotionaler Intelligenz etwa das Sechsfache zum heutigen Stand – sie wird als die Kernkompetenz der Digitalisierung angesehen. Es werden folglich vier große Veränderungen in absehbarer Zeit geschehen:

- Integration von EQ-Lernprogrammen
- Modifizierung des Recruitings
- Berücksichtigung bei Beförderung / Belohnung
- Einsatz der Technologien für EQ-Kultur

Die hohe Qualität im Umgang mit Kunden, der Konsumgesellschaft und den Mitarbeitern wie Kooperationspartnern wird den Unternehmenserfolg definieren. Daher wird eine vierdimensionale Führung – digital, emotional, integral und real – vorstellbar.

13.1 Technologische Trends und ihre Auswirkungen auf emotionale Intelligenz

Betrachten wir den technologischen Sektor, sticht die Künstliche Intelligenz (KI) schon seit einigen Jahren immer stärker heraus. In kürzester Zeit wird der technologisch unterstützten Emotionsanalyse (Emotion AI) demzufolge eine große Rolle zukommen. Wenn EI auf KI trifft, wird nicht nur die Marketingabteilung Vorteile darin sehen – auch Kundenservice, Öffentlichkeitsarbeit (Public Relations – PR) und Personalabteilung (Human Resource Management – HR) profitieren davon. Die Sentiment- und Stimmungsanalyse zählt bereits heute zu einem der wichtigsten Komponenten der unternehmerischen Kundenerfahrung (Customer Experience – CX). So agieren Firmen weltweit oder lokal nach wechselnden Rahmenbedingungen sehr flexibel und nah am Individuum. Diese neu gewonnene Dynamik resultiert aus dem Wissen der Emotion AI um folgende Aspekte:

- Subjektivität einzelner Emotionen
- kulturelle Unterschiede
- Mitarbeitermanagement
- Kundenzufriedenheit
- Produktanpassung
- Lernerfahrung
- Zusammenspiel verschiedener Technologien
- Vielfalt

Dabei müssen zwei generelle Stellschrauben optimiert werden. Die fortschrittliche Technologie im Umgang mit Emotion zeigt sich als anfällig in Bezug zu Voreingenommenheit und Klischees sowie der Abhängigkeit der Emotionen selbst zum Kontext.

14 21-Tage-Challenge zur Steigerung der E. Intelligenz

In einer Welt, die immer komplexer und vernetzter wird, erweist sich die emotionale Intelligenz als eine der Schlüsselfähigkeiten für persönlichen und beruflichen Erfolg. Emotionale Intelligenz bezieht sich auf die Fähigkeit, die eigenen Emotionen und die Emotionen anderer zu erkennen, zu verstehen und zu managen. Sie beeinflusst, wie wir mit Stress umgehen, wie wir kommunizieren, unsere Beziehungen gestalten und Entscheidungen treffen. Studien haben gezeigt, dass Menschen mit hoher emotionaler Intelligenz zufriedener sind, bessere Leistungen erbringen und effektiver in der Führung und im Umgang mit Konflikten sind.

Doch wie kann man seine emotionale Intelligenz verbessern? Die gute Nachricht ist, dass emotionale Intelligenz durch Übung und Engagement gestärkt werden kann. Genau hier setzt unsere 21-Tage-Challenge an. Diese Challenge ist speziell dafür konzipiert, Ihnen tägliche Übungen und Reflexionen an die Hand zu geben, die Ihre Fähigkeit, Emotionen zu verstehen und zu managen, schrittweise verbessern. Jeder Tag bringt eine neue Aufgabe, die auf den vorherigen aufbaut, um Ihnen ein tiefgreifendes Verständnis Ihrer emotionalen Prozesse zu vermitteln und Ihre Kompetenzen in den Bereichen Selbstwahrnehmung, Selbstregulierung, soziale Wahrnehmung und Beziehungsführung zu stärken.

Diese Challenge ist für jeden geeignet, unabhängig vom Ausgangsniveau der emotionalen Intelligenz. Ob Sie Ihre Beziehungen verbessern, Ihre Kommunikationsfähigkeiten schärfen, effektiver mit Stress umgehen oder einfach nur ein erfüllteres Leben führen möchten – diese 21-Tage-Challenge bietet Ihnen die Werkzeuge und Einsichten, um dies zu erreichen.

Bereiten Sie sich darauf vor, in eine spannende Reise der Selbstentdeckung einzutauchen, Ihre emotionalen Fähigkeiten zu erweitern und ein reicheres, bewussteres Leben zu gestalten. Lassen Sie uns gemeinsam diesen Weg beschreiten und entdecken, wie die Steigerung Ihrer emotionalen Intelligenz Ihr Leben positiv beeinflussen kann.

- **Tag 1: Selbstreflexion**

  Beginnen Sie Ihre Reise mit einer Selbstreflexion. Nehmen Sie sich 10 Minuten in einer ruhigen Umgebung Zeit, um über Ihre Gefühle des vergangenen Tages nachzudenken. Notieren Sie in einem Tagebuch, welche Emotionen Sie erlebt haben, in welchen Situationen diese auftraten und wie Sie darauf reagiert haben. Dies hilft Ihnen, ein Bewusstsein für Ihre emotionalen Muster zu entwickeln.

- **Tag 2: Aktives Zuhören**

  Aktives Zuhören ist eine Kernkompetenz emotionaler Intelligenz. Heute konzentrieren Sie sich darauf, in allen Gesprächen vollständig präsent zu sein. Das bedeutet, dem Sprechenden Ihre ungeteilte Aufmerksamkeit zu schenken, durch Nicken oder kurze verbale Zustimmungen Interesse zu zeigen und vor allem, Ihre eigenen Gedanken und Urteile zurückzuhalten, um wirklich zu verstehen, was gesagt wird.

- **Tag 3: Dankbarkeitstagebuch**

  Dankbarkeit zu kultivieren, kann Ihr emotionales Wohlbefinden signifikant verbessern. Schreiben Sie am Ende des Tages drei Dinge auf, für die Sie dankbar sind. Versuchen Sie, spezifisch zu sein und auch kleine Ereignisse oder Gesten einzubeziehen. Reflektieren Sie darüber, wie sich diese Dankbarkeit auf Ihre Stimmung und Ihre Sicht auf das Leben auswirkt.

- **Tag 4: Emotionale Wörter erweitern**

  Ein reicher emotionaler Wortschatz ermöglicht es Ihnen, Ihre Gefühle präziser zu verstehen und auszudrücken. Suchen Sie heute nach fünf Emotionswörtern, die Sie selten oder nie verwenden. Finden Sie heraus, was sie bedeuten, und versuchen Sie, sie in Gesprächen oder in Ihrem Tagebuch zu verwenden, um Ihre Erfahrungen zu beschreiben.

- **Tag 5: Stressbewältigung**

Stressmanagement ist entscheidend für emotionale Intelligenz. Widmen Sie sich heute einer Entspannungstechnik Ihrer Wahl – sei es tiefe Atemübungen, Meditation oder progressive Muskelentspannung – für mindestens 10 Minuten. Beobachten Sie, wie sich Ihr Körper und Geist dabei verändern.

- **Tag 6: Emotionen ausdrücken**

Identifizieren Sie eine Emotion, die Sie üblicherweise unterdrücken oder vermeiden. Finden Sie einen sicheren und gesunden Weg, diese Emotion heute auszudrücken. Das könnte durch Schreiben in einem Tagebuch, durch ein Gespräch mit einem vertrauten Menschen oder durch kreative Ausdrucksformen wie Malen oder Musik geschehen.

- **Tag 7: Selbstfürsorge**

Selbstfürsorge ist ein wichtiger Aspekt emotionaler Intelligenz. Planen Sie heute bewusst mindestens 30 Minuten für eine Aktivität ein, die Ihnen Freude macht und Ihr Wohlbefinden fördert. Ob es ein Spaziergang in der Natur ist, ein heißes Bad oder das Lesen eines guten Buches, achten Sie darauf, was Ihnen guttut.

- **Tag 8: Konfliktmanagement**

Konflikte sind ein natürlicher Teil zwischenmenschlicher Beziehungen. Reflektieren Sie über einen kürzlichen Konflikt und überlegen Sie, wie Sie Ihre eigenen Emotionen sowie die des Gegenübers besser hätten verstehen und managen können. Denken Sie über Strategien nach, die in zukünftigen Konfliktsituationen hilfreich sein könnten.

* **Tag 9: Empathie üben**

Empathie ist die Fähigkeit, die Emotionen anderer zu verstehen und zu teilen. Versuchen Sie heute, sich in die emotionale Welt einer anderen Person hineinzuversetzen. Überlegen Sie, wie sich diese Person in einer bestimmten Situation gefühlt haben könnte und warum. Dies hilft Ihnen, ein tieferes Verständnis für die Perspektiven anderer zu entwickeln.

* **Tag 10: Positive Affirmationen**

Positive Selbstgespräche können Ihre Stimmung und Selbstwahrnehmung beeinflussen. Schreiben Sie drei positive Affirmationen über sich selbst, die Ihre Stärken und Werte betonen. Wiederholen Sie diese Affirmationen mehrmals im Laufe des Tages, um Ihr Selbstvertrauen zu stärken.

* **Tag 11: Körper und Emotionen**

Unsere Emotionen haben oft eine körperliche Komponente. Heute geht es darum, die körperlichen Empfindungen zu beobachten, die mit verschiedenen Emotionen einhergehen. Notieren Sie, wo im Körper Sie Freude, Angst, Traurigkeit oder Wut spüren. Dies kann Ihnen helfen, Ihre Emotionen früher zu erkennen und entsprechend zu handeln.

* **Tag 12: Emotionale Distanzierung**

Emotionale Distanzierung kann Ihnen helfen, weniger impulsiv zu reagieren. Wenn Sie heute mit einer herausfordernden Situation konfrontiert werden, versuchen Sie, diese aus der Perspektive einer dritten Person zu betrachten. Wie würde ein Außenstehender die Situation bewerten? Dies kann Ihnen helfen, eine objektivere und ruhigere Sichtweise zu entwickeln.

* **Tag 13: Inspirierende Gespräche**

Suchen Sie heute das Gespräch mit jemandem, den Sie für emotional intelligent halten. Das könnte ein Freund, Kollege oder Mentor sein. Fragen Sie nach deren Erfahrungen und

Strategien im Umgang mit Emotionen und zwischenmenschlichen Beziehungen. Sammeln Sie Einsichten, die Sie in Ihre eigene Praxis integrieren können.

- **Tag 14: Selbstmotivation**

  Setzen Sie sich ein kleines, erreichbares Ziel für den Tag. Nutzen Sie positive Selbstgespräche, um sich zu motivieren und das Ziel zu erreichen. Beobachten Sie, wie sich Ihre Stimmung und Ihre Selbstwahrnehmung verändern, wenn Sie das Ziel erreichen.

- **Tag 15: Emotionale Grenzen**

  Emotionale Grenzen sind wichtig, um Ihr Wohlbefinden zu schützen. Überlegen Sie heute, welche Grenzen Sie benötigen, um sich emotional sicher zu fühlen. Das könnte beispielsweise die Begrenzung der Zeit sein, die Sie mit energieraubenden Personen verbringen, oder das Erlernen, Nein zu sagen, ohne sich schuldig zu fühlen.

- **Tag 16: Vergebung üben**

  Vergebung kann befreiend wirken und ist ein wichtiger Schritt zur emotionalen Heilung. Denken Sie über eine Person oder Situation nach, der bzw. der Sie vergeben können. Reflektieren Sie über den Prozess der Vergebung und wie er Ihre emotionale Last verringern kann.

- **Tag 17: Lachen**

  Lachen ist eine kraftvolle Medizin für die Seele. Suchen Sie heute gezielt nach Möglichkeiten, um zu lachen. Das könnte durch das Anschauen einer lustigen Serie, das Lesen von Witzen oder durch humorvolle Gespräche mit Freunden geschehen.

- **Tag 18: Natur genießen**

  Die Natur hat eine beruhigende Wirkung auf den Geist und kann helfen, Emotionen zu regulieren. Verbringen Sie heute Zeit im Freien, sei es bei einem Spaziergang im Park, einem Ausflug in den Wald oder einfach nur, indem Sie Zeit in Ihrem Garten verbringen.

- **Tag 19: Kreativer Ausdruck**

  Nutzen Sie kreative Ausdrucksformen, um Ihre Emotionen zu verarbeiten. Ob Malen, Schreiben, Tanzen oder Musik machen – wählen Sie eine Form, die Ihnen liegt, und lassen Sie Ihren Emotionen freien Lauf.

- **Tag 20: Achtsamkeit**

  Achtsamkeit hilft Ihnen, im gegenwärtigen Moment zu leben und Ihre Emotionen besser zu verstehen. Üben Sie heute eine Form der Achtsamkeit, indem Sie bewusst essen, gehen oder zuhören. Konzentrieren Sie sich vollständig auf die gegenwärtige Tätigkeit und beobachten Sie, wie sich dies auf Ihre emotionale Verfassung auswirkt.

- **Tag 21: Reflexion und Planung**

  Am letzten Tag dieser Challenge nehmen Sie sich Zeit, um über Ihre Erfahrungen und Fortschritte zu reflektieren. Welche Übungen waren besonders hilfreich? Wie können Sie die erlernten Fähigkeiten in Ihren Alltag integrieren? Setzen Sie sich neue Ziele, um Ihre emotionale Intelligenz weiter zu entwickeln.

Fazit

Der Alltag ist ganz schön herausfordernd. Überall hegen potenzielle Konflikte die Kontrolle über uns und wollen uns aus dem emotionalen Gleichgewicht bringen. Mit der Theorie der emotionalen Intelligenz in Kapitel 3 haben Sie folglich einen Einblick in die relevante Bedeutung der Selbstwahrnehmung und verschiedene Methoden zur Selbstregulierung kennengelernt. Dies war der erste Schritt hinsichtlich der Ausbildung eines empathischen Wesens und das Fundament zur Erweiterung Ihrer sozialen Kompetenzen. Forcieren Sie die angeführten Verhaltens- sowie Reaktionsstrategien, werden Sie erst im Familienverbund und später automatisch auch im Berufsleben Fortschritte, Lösungswege und den damit verbundenen Erfolg genießen.

Stück für Stück bauen Sie Ihren Grad an EI aus und profitieren von Harmonie, Fokussierung und von einem robusten Teamgedanken. Sie werden heikle Situationen und brennende Vulkane rechtzeitig vor einem Ausbruch erkennen und einen aufkommenden Tornado einer sehr unangenehmen Person deutlich energievoller, selbstbewusster und schadloser überstehen – betrachten Sie die Ausbildung der emotionalen Intelligenz stets als Prävention! Sie reduzieren nervenaufreibende Szenen, etablieren einen guten Kommunikationsstil und schonen Ihre Gesundheit. Emotionen haben so viel Macht, dass die negative Spirale auch körperliche Konsequenzen mit sich führen kann – das muss nicht sein! Schützen Sie sich mental wie physisch dank einer gut trainierten emotionalen Intelligenz. Und diese Aufgabe beginnt bereits im Kindesalter – schenken Sie Ihrem Nachwuchs diese Gabe in frühen Jahren und helfen Sie ihm, sich emotional zu entwickeln.

Emotionale Intelligenz gewinnt immer mehr an Bedeutung, obwohl sie schon immer die eigene Stimmungslage beeinflusst, die persönliche Entwicklung bestimmt und zum Erlebnis erfolgreicher, produktiver und wertgeschätzter Tage verfügt.

Schützen Sie Ihre Gesundheit durch eine erhöhte Präsenz an emotionaler Intelligenz im Alltag. Inspirieren Sie ebenso Mitmenschen zu mehr Verständnis dank Ihres eigenen Handelns und erzielen Sie durch Teamfähigkeit, Konfliktmanagement und Motivation neben den Verbesserungen im privaten Umfeld auch berufliche Erfolge. Doch dafür bedarf es als Erstes einer Auseinandersetzung mit sich selbst – fangen Sie klein an, üben Sie sich täglich in ein wenig Reflexion und trainieren Sie somit kontinuierlich Ihre emotionalen Fähigkeiten. Die regelmäßige Anwendung emotional veranlagter Strategien im Alltag schenkt Ihnen die Möglichkeit, mit all Ihren individuellen Werten und sehr viel Potenzial aufzublühen – es locken Erfolg und Glück in kleinen steten Schritten!

Vielen Dank für Ihre Geduld und das Vertrauen, dank dieses Buches in eine komplexe Welt der Emotionen und Ihres Potenzials vorzudringen. Neben kleinen theoretischen Ausflügen habe ich mich für eine einfache Rezeption der Thematik mittels praktischem Bezug entschlossen. Für die kurzen Reisen in die Wissenschaft danke ich Ihrem Verständnis. Mein Dank gilt außerdem all den Forschern, Psychologen und Therapeuten, die sich dem riesigen Kosmos der Emotionen und ihrer Wechselwirkungen mit Zeit, Kraft und Leidenschaft gewidmet haben und uns damit ein Stück weit mehr Verständnis von uns selbst ermöglicht haben.

Impressum

Sebastian Fallheim wird vertreten durch:

Sebastian Wünsche

Bahnhofstraße 20

02742 Neusalza-Spremberg

Email: Buchwurm-Piraten@web.de

Instagram: Buchwurmpiraten

Facebook: https://www.facebook.com/Buchwurmpiraten

Originalausgabe

1. Auflage Februar 2024

Dieses Buch wurde in Übereinstimmung mit den GPSR-Richtlinien der EU zur Sicherheit von Produkten erstellt.

Die Verordnung über die allgemeine Produktsicherheit ist der aktualisierte Rahmen der Europäischen Union, um sicherzustellen, dass alle Verbraucherprodukte, einschließlich Bücher, für Verbraucher sicher sind.

Dieses Buch wurde von Libri Plureos GmbH gedruckt. Der Drucker hat Sicherheitszertifikate für die verwendeten Materialien wie Tinte, Papier und Kleber ausgestellt.

Die Produktkennung ist: 9783910734272

Der Autor ist für den Inhalt des Buches verantwortlich und hat das Buch von Bookmundo produzieren lassen.

Sollten Sie Fragen zur Sicherheit des Produkts haben, kontaktieren Sie uns bitte.

Bookmundo
Delftsestraat 33
3013AE Rotterdam
Die Niederlande
info@bookmundo.com